# RESTART

## CORAÇÃO NA MÃO

### A HISTÓRIA COMPLETA

# RESTART

## CORAÇÃO NA MÃO

### A HISTÓRIA COMPLETA

Fátima Gigliotti

Benvirá

Diretor editorial: Thales Guaracy
Gerente editorial: Luís Colombini
Editora: Débora Guterman
Editores assistentes: Flavia Lago, Paula Carvalho e Richard Sanches
Produção editorial: Carolina Hidalgo Castelani
Edição de arte: Carlos Renato
Serviços editoriais: Renata Moraes

Fotos da capa: Cauê Diniz
Capa: Mikha Jorge
Ilustrações: Mikha Jorge
Fotos das ilustrações: Gabriel Wickbold
Fotos sem identificação pertencem ao arquivo pessoal dos artistas
Revisão: Eveline Boutellier e Carmen T. S. da Costa
Produção gráfica: Liliane Cristina Gomes
Impressão e acabamento: Pancrom Indústria Gráfica Ltda.

IP-BRASIL. CATALOGAÇÃO-NA-FONTE
SINDICATO NACIONAL DOS EDITORES DE LIVROS, RJ

G39r

Gigliotti, Fátima
Restart, coração na mão : a história completa / Fátima Gigliotti. - São Paulo: Benvirá, 2011.

ISBN 978-85-02-12385-4

1. D'avilla, Thomas Alexander Machado. 2. Restart (Conjunto musical). 3. Grupos de rock - Brasil. I. Título.

11-1249. CDD: 927.8166
CDU: 929:78.067.26

03.03.11 10.03.11
024919

**ISBN 978-85-02-12385-4**

1ª edição, 2011



Direitos exclusivos para a língua portuguesa cedidos à Saraiva S.A. Livreiros Editores
Rua Henrique Shaumann, 270 | 8º andar
CEP: 05413.010 | Pinheiros | São Paulo | SP

www.benvira.com.br

545.260.001.001

# ASSIM QUE A GENTE É

# 1

São sete horas da manhã de uma sexta-feira ensolarada em São Paulo. O ônibus que levará a Restart para mais uma turnê aguarda o Pe Lu, o Thomas, o Koba e o Pe Lanza, enquanto a equipe de produção chega aos poucos. Alguns deixam sua bagagem no imenso porta-malas do ônibus, outros checam os equipamentos antes de embarcá-los.

O clima é de descontração: os grupos vão se formando com a chegada dos seguranças, do pessoal responsável pela parte técnica, das meninas que cuidam da loja da Restart montada durante os shows. Alguns ainda trazem no rosto as marcas do sono, mas o bom humor impera. O Pe Lu é o primeiro a chegar entre os "moleques" — como os meninos costumam se chamar entre si. Descontraído, cumprimenta todo mundo e pergunta se dá tempo de tomar um café rápido. Acompanhado de um dos seguranças, dá uma corrida até um bar próximo, enquanto o Thomas chega de mansinho, óculos escuros, roupa confortável de viagem. Depois de abraçar o pessoal, vai direto para a cama, dentro do ônibus, para mais um cochilo. A contagem (são vinte pessoas no total) está quase completa quando chega o Koba, que fala com todo mundo e logo se junta ao Thomas. O Pe Lanza, excepcionalmente, vai se juntar à turnê à tarde, em razão de compromissos pessoais.

O produtor executivo Marcos Ascena, que cuida de tudo relacionado com os quatro artistas ("eu sou a babá deles", brinca) e trabalha em parceria com o produtor técnico Bruno Maia na coordenação da equipe de produção da turnê, confere se está tudo pronto e pede ao motorista para dar a largada. No ônibus bem equipado, há três fileiras de bancos — à direita, duas a duas, estão as cadeiras da equipe, reclináveis. À esquerda ficam as camas do Lanza, do Thomas, do Koba e do Pe Lu, pela ordem de quem entra. Mal o trajeto começa rumo a Americana, cidade distante 126 quilômetros da capital paulista, onde será o primeiro show do final de semana, o Pe Lu, o Thomas e boa parte da equipe caem no sono. O Koba fica acordado, na companhia das músicas no celular, e aproveita para tomar um pouco do sol que entra pela janela do ônibus. A viagem dura cerca de três horas, com direito a uma parada no restaurante da estrada para o café da manhã de quem tinha mais fome do que sono.

Na cidade, a recepção aos artistas começa cedo. Já na porta do hotel, os fãs aguardam o desembarque, na esperança de ver de perto seus ídolos e tirar uma foto. São os seguranças que descem primeiro, para organizar a entrada dos artistas no hotel, seguidos do Marcos e do Bruno, que se encarregam de pegar as chaves dos quartos dos quatro garotos e do resto da equipe para o check-in. De dentro do ônibus, o Pe Lu observa a agitação dos fãs e, por alguns momentos, fica pensativo. "Em geral, quando nós chegamos numa cidade e não há fãs na porta do hotel nos esperando, quase sempre é sinal de que eles já estão no local do show, e que vai ser ótimo", ele diz, garantindo que não é uma regra, mas uma impressão da banda, resultado da experiência acumulada no tempo de estrada. Quando está tudo organizado, os meninos descem, param alguns minutos para atender os fãs que não contêm os gritos e a emoção, e vão para seus quartos. O tempo para descanso é curto. À tarde, os garotos têm entrevista marcada na Rádio Vox, a principal da cidade.

Não dá tempo sequer de almoçar, mas, como o movimento do hotel está tranquilo, o Thomas desce para a academia. "Eu estou malhando sempre em São Paulo, então na turnê, quando dá, eu sempre pego pelo menos uma esteira pra não ficar muito tempo parado", ele conta, com o fôlego entrecortado, olhando sem ver um programa qualquer na televisão.

Às 14h30 em ponto, como combinado, os meninos estão prontos para ir à Rádio Vox, acompanhados do Marcos e dos seguranças. Desde que começaram a tocar juntos, ainda crianças, eles fizeram um acordo para garantir a pontualidade e não comprometer ensaios, shows e entrevistas: quem chega atrasado paga uma multa em dinheiro, que vai para uma "caixinha". Hoje o acordo virou lei, e os quatro já sabem: atrasou, tem de pagar.

Quem também precisa ser pontual é a equipe técnica, que desde as 14 horas já estava no Clube Flamengo, local do show, para montar o palco, o cenário, o som, a luz, afinar os instrumentos e deixar tudo redondo para o show da noite. Antes dos técnicos, quem chegou foi o caminhão com os equipamentos, que sempre parte algumas horas antes do ônibus da turnê, para tudo estar devidamente descarregado antes do horário da montagem do show. O coordenador desse processo, responsável por administrar todos os detalhes, desde a reserva do hotel até a água que os meninos bebem — e muito — durante o espetáculo, é o Bruno. "Eu começo a trabalhar com semanas de antecedência para estar com tudo confirmado até no máximo dez dias antes do show", diz. No local, depois da inspeção do palco pela equipe, começa a montagem do cenário, dos equipamentos, do telão de LED. Em seguida são feitos os testes de som e de luz.

O chefe da equipe de segurança, William Chen, faz a inspeção para determinar qual é o melhor trajeto para os meninos chegarem até o local do show, a localização do camarim, as rotas de passagem até o palco. Ele é também responsável por garantir a segurança da plateia, e escolhe, com Luciana Torres e Monica Aires, responsáveis pela venda dos produtos da banda, o lugar mais adequado para montar a loja da Restart. "Os meninos não saem do hotel se não estiver tudo certo no local do show; por isso, precisamos ter um perfeito sincronismo de toda a equipe", diz Bruno.

Na van que leva os meninos para a rádio, só quem tem lugar fixo é o Koba, que prefere ficar na última fileira, sentado no banco do meio, e o pessoal da segurança, que precisa sentar na frente para avaliar o local rapidamente e estar atento a qualquer emergência. No percurso, os meninos, já mais descansados, comentam as baladas da noite anterior e falam de música — sempre com o celular na mão, seja para mostrar um som novo que ouviram, trocar mensagens com a família e os amigos ou *twittar* para os fãs. Na entrada da rádio, cerca de trezentas fãs aguardavam a chegada da banda para a entrevista, e algumas delas estavam muito ansiosas, porque receberiam o prêmio da promoção que a emissora tinha organizado para os ouvintes: tirar uma foto com o Thomas, o Pe Lu, o Lucas e o Pe Lanza — que, conforme combinado, juntou-se aos moleques no caminho para a entrevista, sem atrasos.

Na cabine de som, às 15 horas em ponto, começa a entrevista com a Restart. Os meninos fazem questão de lembrar que, da última vez que tinham tocado na cidade, em junho de 2010, na Festa do Peão de Americana, se apresentaram para uma das maiores plateias que a banda já viu, 60 mil pessoas, praticamente a mesma lotação de um estádio como o Morumbi em dia de um clássico do futebol, ou de shows de estrelas como Rolling Stones, Rush, Paul McCartney e U2.

Em frente à estação de rádio, a agitação da galera é tamanha que os meninos precisam interromper a entrevista e ir até a sacada para agradecer pessoalmente o carinho. Lá, eles cantam um pedacinho de *Levo Comigo*, acompanhados pelas vozes dos fãs, e voltam para terminar a entrevista, brincando com o locutor e a twitcam, que a essa hora já somava mais de 3,5 mil fãs conectados. Durante a entrevista, em tom informal, os meninos comentam sobre suas cuecas — que são peças obrigatórias do estilo colorido, escolhidas com cuidado para combinar com o figurino do dia. Interagem com os fãs, que enviam perguntas pelo Twitter, e falam de alguns de seus ídolos, como o guitarrista Edgard Scandurra, do Ira, Samuel Rosa, do Skank, Herbert Vianna, do Paralamas do Sucesso, e o músico americano John Mayer.

Para terminar, o locutor diz:

— Esses são os músicos que inspiraram vocês. E como vocês se sentem sendo os ídolos em quem a galera se espelha hoje, na era Restart?

— Como assim, era Restart? — os meninos perguntam, se entreolhando.

— A era do rock alegre, das roupas coloridas, da performance responsável nos shows, na vida... Isso tudo é a era Restart da música brasileira — explica o radialista.

— Ah, nós não pensamos muito sobre isso, porque nós não nos sentimos ídolos — diz Pe Lanza. — Nós somos apenas quatro moleques realizando o sonho de tocar a nossa música pra galera do nosso jeito, com a verdade no coração.

É hora de encerrar a entrevista e partir para a sessão de fotos com os vencedores da promoção. O alto-astral continua durante os cliques da câmera, com os meninos brincando e imitando o som de instrumentos enquanto batem um papo rápido com os fãs. Quando a Karina e o Felipe entram — duas crianças acompanhadas dos pais —, o Pe Lanza se abaixa para dar o laço no tênis do Felipe antes de pegá-

-lo no colo para a foto. "As crianças nos dão uma alegria especial", diz ele, depois de se despedir com carinho da dupla de fãs mirins.

Na hora de entrar na van rumo ao hotel, é necessário fazer cordão de segurança com a equipe da rádio e da banda para os artistas passarem a salvo, porque em menos de duas horas o número de fãs no local duplicará. No caminho de volta, o Koba e o Pe Lu cantarolam juntos melodias das músicas do John Mayer, mas não alto o suficiente para esconder o ruído do estômago vazio de todos, que ainda não tinham tido tempo para almoçar. Uma parada em uma churrascaria resolve o problema. Todo mundo da equipe curte carne — eles foram os últimos clientes do restaurante, mas ainda chegaram a tempo.

De volta ao hotel, não dá para atender os fãs que marcam presença, porque os garotos precisam se preparar para o show. "O hotel é o único lugar onde os meninos podem descansar, e às vezes a gente fica até magoado porque os chamam de 'estrelas' quando eles não atendem os fãs na porta", diz Marcos. Os artistas estão sempre disponíveis para dar autógrafos e tirar fotos, "mas há momentos como o dessa tarde, lotada de compromissos, em que simplesmente não é possível", ele completa. Para relaxar um pouco, o Pe Lu vai dar um mergulho rápido na piscina, e os outros meninos seguem direto para seus quartos. Uma hora antes do horário marcado para sair para o show, o Koba costuma ficar sozinho para se concentrar. Mas o pessoal que opera as mesas de luz e de som e os *roadies* — responsáveis pelos instrumentos dos meninos — já estão no local para fazer os últimos testes e se posicionar para mais uma noite de trabalho.

## O SHOW

Falta uma hora para o show e, na plateia, o burburinho provocado pela ansiedade de milhares de fãs, vestidos com roupas coloridas, cresce a cada movimento no palco. Os últimos testes de luz geram suspiros — ao menor sinal de iluminação do telão, todos acenam para o palco. Os *roadies* entram para fazer a última checagem na bateria do Thomas, nas guitarras e nos violões do Pe Lu e do Koba, nos baixos do Pe Lanza. Os gritos da galera ganham intensidade. Numa entrada lateral, a van deixa os meninos em frente à porta do camarim improvisado. O Pe Lanza faz exercícios com a voz, o Thomas se alonga, e o Koba e o Pe Lu beliscam algo da mesa de lanches preparada para a banda "fazer uma boquinha" antes e depois do show. Na hora em que o Marcos avisa que está tudo pronto para começar, os quatro moleques dão as mãos e rezam, concentrados, o Pai-Nosso. Dizem cada palavra da oração devagar, de olhos fechados. Após o "Amém", eles se abraçam e, alguns segundos depois, soltam: "Tum pa tum, pizza", o grito de guerra da banda antes de deixar o camarim. "Eu acho que desde o nosso primeiro show, nós nunca entramos no palco sem rezar ou gritar pizza", conta o Pe Lu, com a voz tranquila.

Na plateia, a galera grita: "Restart, Restart, Restart!".

Não demora muito e o sofisticado jogo das luzes, criado e executado por Ricardo Silva, revela todo o palco, os microfones, o brilho dos pratos da bateria, aguardando as baquetas para lhe dar vida. Os holofotes sobre a plateia acendem, mostrando a emoção estampada no rosto de cada fã, o sorriso dos pais segurando seus filhos no colo ou pelas mãos. A respiração de todos fica suspensa, até que, aos poucos, a fumaça do gelo seco começa a surgir e vai se espalhando, cobrindo o cenário. Soa o primeiro acorde da vinheta que abre o show — a vibração dos fãs é tanta que o chão treme. De repente, surge o Thomas, em pé no centro do palco, atrás da bateria, apenas com o som das baquetas batendo uma na outra, em riste. O público vai à loucura. Logo depois entram o Koba, o Pe Lu e o Pe Lanza, e já não se ouve mais nada a não ser os gritos da plateia dando as boas-vindas à banda. Quase não se distinguem os primeiros acordes de *Recomeçar*, a música que dá início ao show e é também um dos marcos da ascensão meteórica da Restart no cenário musical brasileiro.

A saudação logo se transforma em coro, dali em diante o que se ouve é a banda cantando e tocando, acompanhada pelos fãs, que têm na ponta da língua todas as letras. Essa interação banda e plateia segue durante todo o show. No palco, o entrosamento, o talento e a amizade entre os moleques transbordam e contagiam a galera. Há momentos mais tranquilos e românticos, outros de uma pegada mais paulera. O coral formado pelo público segue a banda sem errar uma palavra sequer de *Vou Cantar*, *O Meu Melhor* e *Sobre Eu e Você*.

Quando o Pe Lanza dá a palavra de ordem: "É proibido ficar parado", e começa a cantar *Caia na Gandaia* e *Não Quero Dinheiro (Só Quero Amar)*, clássicos dos anos 1970, cantados pelo grupo As Frenéticas e por Tim Maia, respectivamente, até os pais entram na roda: dançam e cantam, acompanhando a filharada. Pouco depois, o vocalista anuncia: "O amor está no ar". A plateia não para, mas suaviza o tom para acompanhar o Pe Lu e o Pe Lanza no vocal da canção *Amanhecer no Teu Olhar*. No mesmo clima, o Thomas se junta aos moleques na frente do palco, com um pandeiro na mão, e começam os acordes de *Pra Você Lembrar*, música composta especialmente para os fãs, que o quarteto canta também de um jeito muito especial.

Os sucessos da banda vêm em sequência, introduzidos por solos de guitarra inspirados do Pe Lu ou do Koba, a batida forte do Thomas na bateria e o grave do baixo dedilhado pelo Pe Lanza em *Esse Amor Em Mim* e *Ao Teu Lado*. O clima esquenta ainda mais quando soam as primeiras notas de *Levo Comigo*, o hit que invadiu as rádios de todo o país em 2010. Thomas conduz a plateia com as baquetas na introdução de *Nosso Verão*, o telão acompanha a *vibe* com imagens fortes e coloridas. A agitação só faz crescer, agora com *Final Feliz*.

Chega o momento de homenagear Michael Jackson, um dos grandes ídolos dos garotos. O Thomas começa a marcar compassadamente a harmonia e faz um solo de bateria; o Koba sobe no tablado, fica atrás dele e soma um *riff* ritmado à bateria; o Pe Lanza sai de trás das caixas de som com o figurino característico do ídolo pop e inicia os passos do *moonwalk,* coreografia criada por Michael Jackson, cuja tradução seria "caminhando na Lua". O Pe Lu se aproxima do Pe Lanza tocando sua guitarra, fica bem em frente a ele, numa postura de provocação desenhada pela coreografia, como que o desafiando a atravessar o palco com os passos ensaiados. A iluminação capricha no desenho das sombras. O Pe Lanza aceita o desafio, e a homenagem ao cantor pop americano começa. O número empolga ainda mais a plateia, os pais dos fãs acompanham, e o delírio prossegue até os acordes de *Bye Bye,* que prenunciam o grande final. Os garotos encerram o show com a canção *Lembranças*.

O gosto que fica é de quero mais, mas a sensação é de alegria e de prazer. O aplauso continua e só resta ao quarteto se abraçar e se curvar, agradecendo à galera pela presença e pela emoção. Depois da reverência, é a hora do que já se tornou uma das marcas registradas da banda, o grande coração, formado pelos braços do Thomas e do Pe Lanza, bem no meio do palco. Foram eles dois que tiveram a ideia de terminar todo show com essa imagem singela, representando o amor e a gratidão que os quatro artistas sentem por seu público: "É um agradecimento tamanho da Restart para a família Restart. Uma forma de homenagear as pessoas que foram assistir ao nosso show", diz o Pe Lu. Ele explica que o gesto de fazer um coração com as mãos, que acabou se tornando um símbolo da relação da banda com os fãs, aconteceu meio por acaso, "eu nem me lembro quando, mas a gente curtiu porque tinha tudo a ver com a gente, com o amor que a gente sente pelos nossos fãs. Aí, o coraçãozinho virou esse coração grande que a gente faz no palco no final de cada e de todo show para agradecer a galera presente".

O momento do grande coração é sempre muito emocionante para a banda, é a hora em que os quatro artistas recebem, como se fosse também um coração gigante, o aplauso ensurdecedor dos fãs. É como o Koba diz, "ao final de cada show, eu sempre sinto que foi o melhor show da minha vida. Comento com os meus amigos, e eles reclamam que eu sempre digo isso. Eu digo mesmo, porque é assim que eu me sinto".

O show acaba, mas a maratona dos meninos ainda continua: é a hora de atender os fãs que participaram de promoções ou compraram o kit camarim. É um recurso que a banda criou para ficar mais próxima dos fãs, inspirado no tempo em que os meninos estavam no início de carreira e ainda podiam, depois dos shows, descer até a plateia e bater um papo com os fãs, o que eles curtem muito fazer. "É a nossa maneira de preservar esse contato tão importante pra gente, agora que não dá mais pra conversar com todos os nossos fãs depois dos shows", diz o Pe Lanza. Para sair do clube, meninos e meninas cercam a van e batem na lataria, fazendo o carro chacoalhar, em marcha lenta. São alguns minutos de apreensão para os garotos, que se preocupam com a segurança dos fãs e deles próprios. "Nós sempre pedimos aos nossos fãs para não se colocarem em situações que ofereçam risco à segurança e à saúde deles. Pra gente isso é muito importante", afirma o Pe Lu.

Quando a van passa pela multidão, os meninos voltam à agitação costumeira e assumem o comando de seus celulares para contar para família e a galera como foi o show. No hotel, já sem fãs na porta, o Koba e o Pe Lanza vão para seus quartos para descansar, e o pessoal da equipe de produção, que chega um pouco mais tarde, se reúne para pedir pizza, bater papo e relaxar. O Pe Lu e o Thomas tinham combinado com o Marcos voltar a São Paulo depois do show, para tentar chegar a tempo na festa de casamento de uma amiga em comum — já que a proximidade com a capital permitia a exceção —, e se juntar ao grupo novamente no dia seguinte à tarde.

Chega o sábado. A saída do hotel está marcada para 12 horas, uma regalia para os meninos e a equipe da turnê, que costumam sair bem mais cedo. O show é em Rio Claro, a 47 quilômetros de Americana. Novamente, é preciso que os seguranças organizem um corredor para a passagem dos meninos em meio aos fãs. Eles param para algumas fotos, mas não é possível atender a todos, o tempo é curto e os meninos precisam correr para chegar a tempo para o show. Uma fã do Koba fica inconsolável, chora e grita "Lucas, Lucas" para a janela do ônibus, onde todos já estão em seus devidos lugares, prontos para partir.

Em Rio Claro, impera a tranquilidade, e, incrivelmente, não há fãs na porta do hotel. A equipe tem tempo apenas para um lanche rápido antes de sair para o local do show, o Grêmio Recreativo da Cia. Paulista da Estrada de Ferro Rio Claro, para dar início à montagem do espetáculo. Para os meninos, excepcionalmente, a tarde é livre, mas, em vez de passear, eles preferem descansar.

No Grêmio, bem perto do palco, fica o espaçoso camarim, com sofás e uma bela mesa de lanches, doces e refrigerantes. A chegada dos meninos ao local é tranquila. O Pe Lu liga o som, deixa rolar John Mayer, e, após o aquecimento, entra o Tafarel — apelido de Flaudemir Giollo Jr, responsável pelo som do palco — para distribuir os fones de ouvido dos meninos. O Tafarel é o responsável pelo que é conhecido no meio musical como *in ears* (dentro da orelha, numa tradução para o português) — o som que os artistas ouvem de seus próprios instrumentos e voz durante o show, transmitidos pelos fones de ouvido.

Ainda sobra tempo para o Pe Lanza brincar com o microfone, e para o Thomas e o Koba travarem um duelo de mentirinha com as espadas da decoração do camarim. Quando o Marcos vem avisar que está na hora do show, os quatro se reúnem para a oração e para o grito de guerra. Na escada que os leva ao palco, eles se colocam na ordem de entrada do show — o Thomas entra primeiro para levantar a plateia com as baquetas, depois é o Koba, que cumprimenta o Pe Lu e o Pe Lanza antes de entrar. O Pe Lu é o próximo, e antes dá um abraço no Pe Lanza, que, quando chega sua vez de receber o aplauso da plateia, cumprimenta o Marquinhos. Nessa hora, o Marcos e o Bruno se encontram atrás das cortinas pretas que isolam o palco do camarim para uma última checagem, os *roadies* estão a postos em seus lugares para a troca de instrumentos e a caixa de garrafas de água para os meninos está à espera, bem gelada como gosta o Pe Lanza, o que mais bebe durante o show.

A sintonia de palco é perfeita entre os meninos e a equipe. De cada lado do palco fica um segurança, sobretudo para proteger o Pe Lanza e o Pe Lu, que frequentemente, durante o calor da apresentação, vão para perto da plateia ou se penduram nas caixas de som laterais. "A gente não consegue prever o que vai acontecer depois do primeiro acorde no palco. Cada dia é um mistério. Apesar das coreografias e do roteiro, é a troca com a galera que dá o tom do show, às vezes a gente tem vontade de ir pro meio da plateia, daí a gente senta na caixa de som, muda o roteiro, brinca no palco um com o outro... É totalmente espontâneo, depende do *feeling* do momento", diz o Pe Lu.

Em Rio Claro, a empolgação foi tanta que teve briga de água entre os meninos no palco. No final do show, o Pe Lanza se pendurou na estrutura de metal da lateral do palco e quase torceu o pé, antes de mais um ritual de agradecimento aos fãs — o Thomas joga as baquetas para a plateia, os quatro jogam as toalhas, se abraçam e se curvam para agradecer. A plateia não interrompe por um minuto sequer os aplausos, mesmo depois de os meninos deixarem o palco. Com a saída deles, quem assume o palco são os *roadies*, que começam a desmontar os instrumentos, e o pessoal da produção e do cenário, que encerram o trabalho do dia.

No camarim, é hora do contato mais próximo com os fãs, que já se posicionaram na escada lateral esperando a hora de encontrar os meninos pessoalmente. Os garotos recebem os fãs com carinho e gentileza, perguntam os nomes de cada um deles, posam para as fotos, brincam entre si. Tem até o momento "dancinha", em que o Koba puxa uma nova coreografia, desafiando os amigos a criar um passo mais ridículo do que o que ele acabou de inventar. "A gente se conhece há muito tempo, e temos essas brincadeiras meio *non sense* entre a gente às vezes. É um jeito muito bacana de a gente se comunicar, porque relaxa, descontrai", diz o Koba.

A saída do show é calma, mas a noite não termina por aí, e a jornada do fim de semana continua. O horário de saída do hotel é meia-noite, eles vão pegar a estrada rumo ao Rio de Janeiro. São cerca de nove horas de viagem no ônibus, e para a equipe uma grande correria, já que o show no ginásio de esportes do Olaria Atlético Clube está marcado para as 18 horas. Ou seja, a montagem do palco precisa começar cedo. No ônibus é difícil relaxar depois do show, e os meninos se distraem como podem. O Koba improvisa alguns acordes no violão, até que o Thomas, roubando o instrumento do amigo, pede para o Koba ensinar a batida de uma música que ele está tirando. Logo em seguida, o Marcos pede para fazer uma parada no McDonald's para a refeição noturna da equipe e dos artistas. Só depois das duas da manhã é que vai ficando mais silencioso, e todos caem no sono.

Já no Rio, a equipe técnica só tem tempo de tomar um café da manhã no hotel antes de sair para o trabalho. Os meninos voltam a dormir depois do check-in. À tarde, o Pe Lu e o Koba aproveitam o tempo e a inspiração para compor

— já que eles estavam em pleno processo de criação das novas músicas para a trilha do longa-metragem da Restart. O Pe Lanza decide fazer umas compras rápidas no shopping, acompanhado do segurança da banda, já o Thomas prefere ficar dormindo.

À noite, o show para mais de cinco mil pessoas no ginásio de esportes do Olaria Atlético Clube é um arraso, mesmo com o calor escaldante da capital carioca. A galera animada participa do show, se emociona e emociona a banda: é um mar de gente unida pela curtição das músicas e da performance dos artistas no palco. “Deu até pena de terminar, a galera estava tão em sintonia com a gente que eu me emocionei muito nas últimas músicas”, comenta o Pe Lu. Dessa vez não tem bate-papo e fotos depois do show, já que o ginásio não tem lugar adequado para receber os fãs. Com atraso de duas horas, em função de problemas com a desmontagem do equipamento do show no ginásio, o ônibus parte do Rio às duas da manhã, e chega próximo das 9 horas em São Paulo: fim de mais uma semana de turnê da Restart.

Apesar do cansaço, a sensação geral é de satisfação, de dever cumprido, de alegria. Afinal, para os quatro músicos da banda, o show é o que eles mais curtem fazer. O último verso da canção *Lembranças* — “E no final é com você que eu quero estar” —, que fecha o show da banda, deixa no ar a mensagem do que é mais importante para eles, o desejo que motivou a trajetória do Pe Lu, do Thomas, do Koba e do Pe Lanza na música: estar perto do público. “É isso o que eu quero para minha vida inteira, eu vejo nosso trabalho também como uma missão, de alegrar, de fazer com que a galera se sinta bem e esqueça qualquer problema, como se aquela uma hora e meia fosse mágica. Depois que acaba o show, a melhor sensação é aquela de dever cumprido, de sentir todo o carinho da galera”, diz o Pe Lanza. O Pe Lu completa afirmando que o palco é a melhor parte de tudo, “é o lugar onde você consegue passar a mensagem real para as pessoas. No palco, não tem aquilo que você não pode falar, não pode fazer. Estar no palco dá uma sensação de liberdade, que é *animal*". Desde o início, o que os moleques mais queriam era conversar com os fãs da forma mais direta possível, através de suas músicas, como só acontece no show, tocar e trocar energia com a galera.

## MUITO PRAZER

A Restart explodiu rápido. Em 2010, foram 100 mil CDs vendidos, o que lhes rendeu um disco de platina. No mesmo ano, no Video Music Brasil, o VMB, da MTV, a banda ganhou cinco prêmios — pop, artista do ano, hit do ano, revelação e melhor videoclipe. Em 2011, conquistaram o troféu Melhores do Ano, do programa do Faustão, na categoria Revelação Musical. No Twitter, os meninos têm centenas de milhares de seguidores — o Pe Lanza é o recordista, com mais de 650 mil. Shows lotados, agenda apertada, filme... Quando o Pe Lanza ouve comentários de que a Restart explodiu muito rápido, porém, ele responde que o envolvimento deles com a música vem desde quando eles tinham cerca de 11 anos de idade, quando se conheceram no colégio, e que o sucesso é a consequência natural disso: "Se foi cedo pra gente, vai continuar sendo, tudo na nossa vida é assim. A gente sempre fez desse jeito". Apesar da precocidade, a música foi o denominador comum que os uniu e que os mantém juntos até hoje.

Os meninos sempre moraram no Butantã e na Vila Sônia, bairros vizinhos da zona sul de São Paulo, mas foi no Colégio Franciscano João XXIII que tudo começou. O Pe Lu e o Pe Lanza estudaram lá desde o primeiro ano do ensino fundamental, mas como o Pe Lu é um ano mais velho, ele entrou um ano antes do Pe Lanza. Na sexta série, o Thomas e o Koba se juntaram a eles no colégio. O Koba e o Pe Lanza descobriram, no início do ano letivo, que tinham uma coisa importantíssima em comum: a paixão pela música, principalmente pelo Guns N' Roses. Nessa época, o Koba estava começando a tocar guitarra, e o Pe Lanza, bateria — que foi seu primeiro instrumento. Logo a amizade ultrapassou as fronteiras do colégio e os dois começaram a viajar juntos para passar o fim de semana no sítio da família do Pe Lanza, onde ficava a bateria dele. O Koba levava a guitarra, e lá eles trocavam músicas e referências, e, juntos, descobriam outras.

O tempo foi passando, e o interesse deles por música chamou a atenção de outro aluno do colégio, o Thomas, que nessa época tocava guitarra e estava perto de montar sua primeira banda, a Made for Fun, com dois vizinhos. O trio se enturmou, e logo o Thomas também passou a viajar para o sítio. Juntos eles tiravam um som, e o Thomas começava inclusive a se exercitar na bateria, porque eles viviam trocando de instrumentos e experimentando com qual se sentiam mais à vontade em cada música. Eles tocavam de tudo: Nirvana, Oasis, Guns, Houdini — banda de que o Thomas e o Pe Lanza gostavam muito. Chegaram a ir a um show do Houdini quando tinham 11 anos, e guardam ótimas lembranças.

Quando o Thomas começou a se apresentar em shows nas casas e bares do bairro em que morava com a Made for Fun, o Pe Lanza e o Koba iam assistir. Nessa hora, o Pe Lanza começou a perceber que a sementinha de ter uma banda começava a germinar em seu coração. "Eu via o Thomas tocando e, mesmo com 15 pessoas assistindo, ele estava lá no palco, animado como se tivesse 15 mil", lembra. Para o Thomas, que mesmo tão moleque já tinha escolhido viver de música, uma banda só era muito pouco, ele queria montar outra. Foi atrás de um pessoal da escola que tocava, e que ele já conhecia, como o Leonardo e o Pe Lu, e desse encontro nasceu a Páncaros, a primeira banda que reuniu para tocar "oficialmente" dois dos meninos da Restart. "Foi a primeira formação com a qual a gente saiu dos ensaios e tocou de verdade pra galera", conta o Pe Lu.

Nessa fase, os meninos já estavam adotando o estilo emo, com os franjões e as calças caindo, curtiam o som do NX Zero. O Thomas e o Pe Lu, principalmente, começaram a frequentar as baladas que reuniam esse pessoal em São Paulo. É a melhor amiga do Pe Lu na época, Larissa Barone Cruz, quem se lembra das aventuras do pessoal, pegando ônibus para as baladas no Bocage, no Cambridge Hotel e na Galeria do Rock, pontos de encontro dos emos no centro da cidade. "Eu lembro de quando o Pe Lu teve que passar aqui em casa pra me pegar, porque era a primeira vez que eu ia andar de ônibus na vida", conta a Larissa.

Com as baladas, a música ganhou uma nova concorrente na vida dos meninos, que depois veio a se tornar um grande empurrão na consolidação do quarteto: as garotas. Foi um empurrão porque o Thomas se apaixonou por uma menina, um ano mais velha, e achou que seria bacana aproveitar a banda para se fazer notar. Ele, então, começou a colocar gás para fazer uma apresentação no colégio. E precisava ser o vocalista e tocar guitarra, para ficar na frente e conquistar a garota. "Eu não queria ficar atrás, na batera, precisava ficar na frente pra chamar a atenção dela", lembra o Thomas. Ele estava certo, porque como guitarrista acabou ganhando a garota. E depois disso, já com o namoro rolando, o Thomas começou a reconsiderar a possibilidade de tocar bateria, porque já não se importava tanto em ficar no fundo do palco. Mas até ele assumir de verdade a bateria, muitas histórias rolaram.

A Páncaros era formada pelo Thomas, o Pe Lu, o Leonardo e outro garoto da turma, que logo saiu e deu lugar para o Koba, tocando baixo, inicialmente. Quando o Pe Lanza entrou, para tocar bateria, o Pe Lu saiu, e a banda ganhou uma nova formação — o Thomas na guitarra, o Koba no baixo, o Leonardo na guitarra e no vocal, e o Pe Lanza na bateria. Para marcar ainda mais a nova configuração da banda, os meninos decidiram-se também por um novo nome, e escolheram Morning Glory, referência ao título do segundo CD do Oasis, banda que todos os quatro sempre curtiram muito. O logo foi desenhado pelo Koba — que é o responsável pela criação dos materiais da banda desde essa época. Determinados a levar a sério a Morning Glory, os meninos marcaram ensaios semanais. Quando eles tinham dinheiro, faziam uma vaquinha e pagavam um estúdio para ensaiar. Quando estavam sem grana, ensaiavam na casa de um amigo do colégio. "Era uma salinha no fundo da casa, tinha que passar pelo varal, entrar numa cabaninha muito pequena. A gente tocava batendo um no outro", conta o Koba.

Bem que eles tentaram ensaiar na casa da avó do Koba, mas não deu certo. Como a casa dos fundos estava vazia, o Thomas e o Koba acharam que, se forrassem as paredes com papelão de caixas de ovo e mais alguns tapetes, daria acústica suficiente para possibilitar os ensaios. Eles foram sozinhos atrás do material, pegaram uns tapetes usados de uma tia do Koba, e chegaram a fazer alguns ensaios, mas como a casa era muito grande, o som continuava dispersando muito. Não teve jeito, tiveram que optar pelo estúdio.

Foi nessa fase da criação da Morning Glory que os meninos tocaram no Chaves Festival Rock, que aconteceu na Kboom, casa de shows a duas quadras do colégio. O Thomas tocou com suas duas bandas, mesmo sem estar em seus melhores dias. "Ele engoliu um anel de metal de uma latinha de refrigerante e passou muito mal", lembra o Pe Lanza. Nos primeiros ensaios da nova banda, o Thomas continuava na guitarra e no vocal, o Koba no baixo, o Pe Lanza na bateria e o Léo na guitarra. "A gente estava se divertindo, mas sabia que dava pra fazer melhor. Nós somos autodidatas, e estávamos na fase de descobrir o que queríamos e gostávamos", lembra o Pe Lanza.

Na época, o Pe Lanza não estava se dando bem na bateria — tocava cinco ou seis músicas e acabava pedindo ajuda para o Thomas, que já sabia tocar bem o instrumento, mas ainda hesitava em deixar a frente do palco. "Tinha uma música que só eu sabia tocar na bateria, e os meninos disseram que era para eu ficar na bateria, porque aquele era o meu lugar, que eu tocava muito bem", lembra o Thomas. Os meninos foram tão persistentes que ele cedeu — e não se arrependeu. A mudança acabou gerando a troca de instrumentos também entre o Koba e o Lanza — que assumiram, respectivamente, a guitarra e o baixo, enquanto o Léo ficou na guitarra e no vocal. Com essa formação, os meninos intensificaram os ensaios, fazendo *cover* de músicas das bandas que eles curtiam.

A Morning Glory começou a se apresentar nas casas e nos bares do bairro, num esquema conhecido como *Pay to Play*, que em português significa Pagar para Tocar. O esquema é o seguinte: os produtores musicais contratam uma casa de shows, reúnem várias bandas para tocar entre 30 e 40 minutos cada, e cobram delas o valor de uma cota de ingressos, para pagar os custos do evento e remunerar a produção. Se as bandas conseguem vender os ingressos, a apresentação sai de graça e é ainda uma ótima oportunidade de divulgação — que era feita pela internet e com folhetos anunciando o evento, distribuídos em locais estratégicos como portas de escola ou entrada e saída de outros shows.

Michelle Lanza, irmã do Pe Lanza, foi uma das pessoas que ajudaram a encontrar lugares para a banda tocar, além do pessoal de bandas amigas de outros colégios, que davam dicas e apontavam oportunidades. Os meninos também aproveitavam as chances que surgiam em festivais pela cidade. "Dava para tocar pelo menos uma vez por mês", diz o Pe Lanza, afirmando que desde esse tempo as famílias e os amigos desempenharam um papel fundamental na vida deles. Com 12 e 13 anos na época, eles só podiam tocar se vendessem os ingressos e tivessem carona para ir e levar os instrumentos até o show. "Eu cheguei a pedir para minha avó comprar 30 ingressos, como presente para o meu aniversário, porque era só assim que a gente conseguia tocar", conta o Koba. Foi o início das maratonas de fins de semana para os pais, irmãos e amigos dos meninos, que não só ajudavam na compra dos ingressos como se revezavam para levá-los com os instrumentos de carro.

Não era fácil, mas as famílias sempre deram apoio integral, mesmo quando achavam que a música poderia ser mais aventura do que futuro na vida deles. "Às vezes saíam todos os carros aqui de casa, sempre estávamos juntos", lembra Leni Lanza, a mãe do Pe Lanza. "Eles tocavam em casas sem a menor acústica ou produção, o som não era bom, eles ainda eram muito moleques, mas a família inteira curtia e sempre acompanhava." Ela diz que ninguém se importava com a "maratona", mesmo que os carros ficassem todos arranhados por dentro depois de carregar os instrumentos. Com a Michelle, comprou uma bandeira preta grande, para ser usada como cenário no fundo do palco nas apresentações da Morning Glory. O namorado da Michelle na época desenhou uma estrela, que era o símbolo da banda. "A gente estendia na sala de casa para poder pintar, foram vários dias para terminar, e fizemos também várias camisetas para as famílias e os amigos usarem e ajudarem a divulgar."

Os pais do Koba, Rita Kobayashi de Oliveira e David Andreoli de Oliveira, também colaboravam. "Às vezes íamos os dois, e quando aparecia algum compromisso, eu combinava uma alternativa com a Leni, sabia que podia ficar tranquila, e ela também sabia que podia contar comigo", conta David. Enquanto teve um fusca, o padrasto do Thomas, Ricardo Mozzaquatro, só conseguia carregar a bateria, mas, se sobrasse espaço, estava disponível para quem precisasse. A mãe do Thomas, Elaine Machado Mozzaquatro, chegou uma vez a trabalhar no caixa de um evento que o filho ajudou a organizar, "numa casa de show até bem grande, que ficava na rua da Consolação, no centro da cidade", lembra.

Com o ritmo das apresentações, os meninos começaram a perceber que o Léo não estava dando conta do vocal, e convidaram o Pe Lu para voltar para a banda — dessa vez, só para cantar. Foi nessa fase que os meninos, agora um quinteto, participaram de um concurso de bandas promovido por uma casa de shows na rua Augusta, em São Paulo, chamada Outs, cujo prêmio seria a gravação de uma música — o que para eles era um superprêmio —, e tiveram uma experiência marcante. Participavam do concurso bandas de vários estilos, até metal, punk e hardcore, gente bem mais velha, mas os meninos não se intimidaram e passaram na primeira e na segunda fase.

No dia da final, cada banda, assim como a Morning Glory, levou seu público. Na competição estavam veteranos, músicos com mais anos de estrada do que os moleques tinham de vida. Na hora da apresentação, uma parte da plateia começou a hostilizar os meninos, jogar no palco desde latas de cerveja até bonequinho da Hello Kitty. Foi a maior confusão: os pais se agitaram para defender os meninos, que precisaram sair escoltados pelos seguranças. "A gente era muito moleque, mas entramos pra ganhar", lembra o Pe Lanza. "E, apesar da agressividade no dia da final, nas duas primeiras apresentações a gente conquistou o respeito de parte da galera que veio ver o festival, eles perceberam que nós éramos pivetes, mas tocávamos por amor à música."

Mesmo o Pe Lu, considerado pelos moleques e por todo mundo que o conhece de perto como um cara equilibrado e ponderado, chegou a perder a calma. Quando começaram a ser agredidos pela plateia, ele se descontrolou e, por alguns minutos, enquanto conseguiu ficar ao microfone, falou tudo o que veio à cabeça, que estava bem quente. O que o Pe Lu mais detesta é a intolerância, o radicalismo. "Se alguém vem impor uma opinião, mesmo que eu concorde, eu acabo argumentando só para discordar da imposição", explica.

Depois da apresentação, os pais do Pe Lu, Tereza Conceição Vasconcelos Convá e Cesar Assolant Munhoz, conversaram com o filho sobre a experiência. Acostumados com a vida artística — ela é atriz, ele, músico —, ponderaram com o filho que, "mesmo em condições adversas, o artista deve ter jogo de cintura e, sempre, respeitar o público". Foi um aprendizado importante para o Pe Lu e para a banda, e teve ecos anos depois, na entrega dos prêmios do VMB, quando a Restart foi vaiada, mas respondeu de maneira positiva, agradecendo à plateia pelas vaias, "que são um estímulo para a banda continuar seu trabalho e melhorar cada vez mais". O cuidado dos pais do Pe Lu é mais uma prova do apoio que os meninos sempre tiveram. "Dos pais, que queriam a nossa felicidade, e dos irmãos, dos tios, da galera do colégio, que viam a gente, moleques tão novos, entrando em cada roubada!", diz o Pe Lanza.

O dia do concurso na Outs foi muito marcante para todos os garotos. Aquela foi a primeira vez que eles se apresentaram com a formação que daria origem à Restart. O Léo, por motivos pessoais — a família dele preferia outra carreira para o filho na época —, começou a diminuir o ritmo com a banda, e nesse dia ele faltou ao show. O Pe Lu assumiu a guitarra e a voz. Estava criado o quarteto, embora não por muito tempo.

Depois de tocarem juntos em quatro ou cinco shows, no esquema *Pay to Play*, em apresentações na Kboom e também no Volcana, casa de show que ficava em São Bernardo do Campo, o clima começou a ficar ruim entre os meninos. Houve um desentendimento entre o Pe Lanza e o Thomas, "por várias razões". Os dois, inclusive, ficaram sem se falar por mais de um ano. Outro mal-estar envolvia o Pe Lu, que também não se entendia muito com o Pe Lanza, porque achava que o Pedrinho — como os meninos o chamam — tinha sido o responsável por ele cair fora da banda, na passagem da Páncaros para a Morning Glory. Eram coisas de meninos muito novos, mas a verdade é que a banda acabou.

## ÉRAMOS C4

A banda acabou, mas o som no colégio não. Os meninos continuaram com o hábito, que virou uma tradição, principalmente durante o colegial, de levar o violão para a escola e, nos intervalos, se juntarem para tocar. A então coordenadora pedagógica do colégio, Fernanda Oliviero, lembra que muitas vezes, para evitar problemas com os professores durante as aulas, ela cedia sua sala para eles deixarem os instrumentos: "A sala ficava parecendo um estacionamento de violões, um enfileiradinho atrás do outro". Para o Pe Lanza, a escola foi fundamental na vida deles quatro, tanto na formação pessoal como profissional. "Foi durante os saraus que aconteciam no colégio que a gente se apresentou pela primeira vez com a Morning Glory e, quando eles perceberam que para a gente a música era um negócio sério, todos nos apoiaram", diz.

Em meados de 2007, o Pe Lu e o Koba foram ficando mais próximos, e começaram o Projeto *Matrice*, que consistia basicamente em um exercício de composição, em que os dois, com violão e voz, criavam e registravam essa produção. Para dar nome ao projeto, lembra o Koba, eles escolhiam uma palavra em português que gostariam de usar e, com o dicionário online, traduziam para a língua que queriam — *matrice* é matriz em francês. Mal sabiam eles que, com esse exercício, estavam iniciando uma parceria da qual sairia a maioria das canções da Restart, e que os levaria aos grandes palcos de todo o país. Uma das músicas compostas no *Matrice*, chamada *Sempre Assim*, virou hit entre o pessoal do pátio do colégio, depois que os meninos a gravaram em MP3 e mostraram para os amigos.

O Thomas, que desde a oitava série não estudava mais na mesma escola, mas não tinha perdido o contato com o Pe Lu e o Koba depois do final da Morning Glory, apareceu com uma proposta para os dois: juntar o pessoal da banda para participar do festival de música do Colégio Universitário do Morumbi, onde estudava. O primeiro prêmio era a gravação de um CD, que para uma banda em começo de carreira tinha o mesmo valor de barras de ouro. O Koba chamou o Pe Lanza no MSN, e contou que eles se juntariam de novo para tocar e convidou o amigo para um ensaio. A resposta que recebeu, porém, foi sem o entusiasmo que ele esperava: o Pe Lanza ainda estava cabreiro com tudo que tinha acontecido. "Pô, a gente já tinha tentado e não tinha dado certo, eu não sabia se valia a pena insistir", lembra ele. O Pe Lu resolveu entrar na jogada e também conversou por MSN com o Pe Lanza. Disse que, apesar de eles não serem amigos, o pessoal achava que ele era um cara legal, que tocava bem, e sugeriu que esquecessem o passado e voltassem a tocar juntos. No final, o Pe Lanza aceitou participar dos ensaios, mas desde que o Thomas não estivesse na banda.

A casa do Koba sempre foi um dos pontos de encontro do pessoal da escola e da música. A Rita conta que os amigos do filho às vezes acampavam em casa. "Eu sempre gostei, dormiam lá dois, três dias. Eu espalhava colchão pela casa, fazia comida e até preparava os pratos de que eles mais gostavam", diz ela. Numa dessas reuniões para falar dos ensaios, o Pe Lanza caiu numa arapuca — quando chegou, o Thomas também estava lá. O Pe Lanza quis ir embora imediatamente, ficou chateado, mas o Thomas o chamou de canto e explicou que, quaisquer que fossem as desavenças, as infantilidades que tivessem separado os dois, ele tinha a certeza de que os dois gostavam de tocar, e que dava certo tocarem juntos. E, se agora eles tinham uma oportunidade de tocar de verdade, de fazer as coisas acontecerem, de trabalhar como uma banda deve trabalhar, deveriam deixar todo o resto de lado. "Isso me fez ver um Thomas amadurecido", diz o Lanza. "Ele me impressionou, e, a partir daquele dia, a gente recomeçou os ensaios."

Nos saraus improvisados dos intervalos, o Pe Lanza estava cantando diferente. A voz tinha mudado, encorpado e ganhado potência. O Koba, sempre muito atento, já tinha notado e elogiado o amigo. Quando começaram os ensaios para a apresentação no festival do Colégio Universitário, todos perceberam que, além do Pe Lu, a banda precisava de outro vocal. "Nós três vimos que a voz do Pedrinho tinha uma potência musical muito boa e decidimos que ele deveria cantar", afirma o Koba. Mas ainda existia o problema do baixista, já que o Pe Lanza, inicialmente, ficaria só no vocal. Os meninos avaliaram a situação e, juntos, como sempre fizeram, concluíram que trazer uma quinta pessoa para a banda poderia comprometer a harmonia que havia sido reconquistada a duras penas. "Sobrou pra mim de novo, peguei meu baixo e assumi a posição de baixista, só pra gente não colocar mais ninguém na banda", diz o Pe Lanza. Eles não ganharam o primeiro prêmio do Universitário, nem a produção do CD, ficaram em segundo lugar, mas a plateia curtiu o som e aquilo só renovou o gás para eles seguirem em frente.

Os ensaios continuaram a todo o vapor, e algumas semanas depois eles decidiram que precisavam de outro nome para a banda, porque a fase da Morning Glory tinha passado. Estavam numa *vibe* diferente, e seria importante ter um novo nome para simbolizar isso. Um dia, quando estavam todos juntos, meio largados no quarto da irmã do Koba, Ana Carolina Kobayashi de Oliveira, eles começaram a fazer um *brainstorm* — como os publicitários chamam a reunião para levantar dados para uma campanha, que na tradução do inglês significa tempestade de ideias — para batizar a nova fase. Brincando, eles ficavam imaginando o Faustão falando o nome da banda no programa, e a Marina, uma das amigas do colégio, sugeriu C4. "Na hora, todo mundo imaginou o Faustão falando Ceeeeeeee Quatro, e foi esse nome que ficou", lembra o Pe Lanza. O Koba já foi para o computador, desenhou o logo, criou a identidade visual da C4. Pronto.

O primeiro show com cachê da C4 foi em Capivari, a 100 quilômetros de São Paulo, para tocar numa festa de aniversário fechada. Quem ajudou os meninos a montar os instrumentos foi o Haroldo Fabre Ruiz, amigo do Thomas, com quem ele havia formado a Made for Fun, e que seria *roadie* da banda por mais de um ano.

Os ensaios da C4 aconteciam num quartinho isolado no fundo da casa do Pe Lu, onde os meninos colocaram os instrumentos e o amplificador, "tudo muito tosco, mas dava para tirar um som", conta o Pe Lanza, que se lembra do dia em que o Thomas derrubou o estúdio inteiro. "O quarto era muito pequeno e os fios todos interligados, ele pisou num cabo e foi caindo tudo, meio em câmera lenta, quebraram até algumas peças, mas a gente deu um jeito", lembra. Ana Carolina comenta que nessa fase ela percebeu que os meninos focaram ainda mais o objetivo de ter uma banda de verdade, e o Pe Lu e o Koba passaram a compor juntos. "A gente começou gravando umas musiquinhas. A casa do Pedro Lucas foi o lugar em que a gente mais ensaiou com a C4", conta o Koba. "Montamos um estudiozinho bem precário com as nossas coisas empilhadas, a gente ensaiava e gravava."

Foi nessa fase também que o Cesar, pai do Pe Lu, teve uma participação consultiva na formação dos meninos. "Eu dava conselhos e toques, sou muito rigoroso em relação à música, mas minha implicância serviu para ajudá-los a ter postura de palco, a desenvolver roteiro de show, a aprender a passar o som como um músico profissional. Dei também algumas dicas sobre a utilização da parte eletrônica, do sampler, do teclado", acrescenta. A única coisa que os meninos não gostavam em seu pequeno "estúdio" era do dia da limpeza,  uma vez por mês, quando eles tinham que tirar todos os ins-trumentos e equipamentos, lavar e deixar o quarto bem limpo.

No segundo semestre de 2007, eles voltaram a tocar no sistema *Pay to Play*, intensificaram o ritmo dos ensaios, colocaram a música *Sempre Assim* no repertório para abrir o show, e caíram na estrada. "Nada acima de cem quilômetros, mas a gente fez bastante show e a galera começou a conhecer nossa música. Era uma batalha", afirma o Koba, que tem uma história divertida dessa fase. A banda foi tocar na Santa Fé Rock Bar, uma pizzaria com um espaço musical nos fundos da casa. Seria um show importante, e os meninos tinham que vender 120 ingressos para poder tocar. Ficou combinado que cada um venderia 30 ingressos. No colégio, já havia uma lista entre os amigos, que não só compravam as entradas como ajudavam a vendê-las. No dia de pagar, que nesse caso era com antecedência, para garantir a participação no show, o Koba não encontrou os 30 ingressos dele, nem o dinheiro. "Os moleques ficaram desesperados, eu precisei pegar um empréstimo com a minha mãe pra pagar o show", diz ele. "Passou um tempo, e eu os encontrei, todos os 30 ingressos, na minha carteira. Eu tinha era esquecido de vender mesmo. Tenho eles até hoje em casa."

Foi em uma dessas apresentações da C4 que os meninos conheceram o Bruno Didio, que teve um papel muito importante na carreira deles. Na época, o Didio já fazia produção musical e organizava eventos *Pay to Play* para bandas maiores, principalmente na Tribe House, casa noturna na rua Henrique Schaumann, zona oeste de São Paulo. Como parte do trabalho, o Didio distribuía, na porta de todo bar e casa noturna pelos quais passasse, os folhetos dos shows que produzia. Numa das casas por onde passou certa vez, a C4 estava tocando. "A casa estava vazia, e eu ouvi a última música da C4, foi um *feeling*. Eu gostei do som, eles já tocavam muito bem", diz o Didio. Na mesma hora ele entrou no bar, se apresentou para os garotos e, a partir desse dia, passou a colocar a C4 para tocar nos eventos que produzia. E a vida dos meninos começou a ficar ainda mais agitada.

Além do colégio, dos ensaios — que eram, em geral, às segundas e quintas, porque, como na quarta sempre tinha prova na escola, eles precisavam estudar na terça — e dos shows de fim de semana, o Pe Lu e o Koba estavam fazendo o curso de guitarra popular na Universidade Livre de Música de São Paulo — Tom Jobim. E o Pe Lu, mesmo com tantos compromissos, estava ajudando o Didio com a produção musical.

Com o tempo, o Pe Lu decidiu montar, ele mesmo, sua própria produtora, para aumentar as possibilidades de convites para shows da C4, e também para ganhar uma grana. Ele convidou o Duds, o amigo e colega de classe Eduardo Santos Abrahão Filho, para ser seu sócio no novo negócio, e os dois criaram a Luck Produções. "No meio da aula de física, ele me convidou e eu topei na hora, a gente saía da aula e ia direto pra reunião, que acontecia na academia", conta o Duds. "Ali, selecionávamos as bandas que queríamos conhecer e que tocassem em nossos eventos. A gente se dividia em períodos para atuar na produtora."

A época era ainda do emocore, e havia uma cena musical underground fervilhando, da qual faziam parte bandas como Glória, Strike, Hevo 84, Cine, Forfun, Granada, Fake Number. O trabalho de Duds e Pe Lu com a produtora era entrar em contato com as casas, negociar o valor da locação do espaço, reservar a data, convidar as bandas, distribuir os ingressos, produzir os folhetos e o evento e, depois, fazer a divulgação.

Eles chegaram a produzir eventos para até 500 pessoas. Pesquisando os lugares que podiam abrir portas para os festivais, chegaram a trabalhar com oito locais para os shows, situados em vários bairros de São Paulo, como Mooca, Jardins, Pinheiros, além do Centro. "Conforme a gente ia fazendo os eventos, foi vendo como essas bandas se comportavam, a postura dos artistas, os contratos, as exigências", diz o Duds. "Nós demos a cara a tapa, aprendemos, e isso nos preparou muito para o que estava para acontecer com a gente." No período em que trabalharam com a Luck Produções, eles fizeram mais de 30 eventos, e na maioria deles conseguiram colocar a C4 para tocar.

Os meninos eram sempre os caçulas, e muitas vezes sofriam preconceito por serem os mais novinhos. Mas como o que eles queriam mesmo era estar no palco, ensaiavam com dedicação e se aprimoravam, cresciam. Eles gravaram uma demo com seis músicas próprias, uma introdução e uma cover. "Foi o primeiro trabalho que a gente divulgou", lembra o Pe Lanza. "Vendemos alguns CDs, outros demos de presente." Eles copiavam a demo em casa mesmo, era tudo feito artesanalmente. "A gente imprimiu centenas de demos, colava a capa na casa do Pedrinho, com as etiquetas feitas em casa, ficava uma hora grudando caixinha de CD, foi tudo sempre a gente que fez", conta Koba.

Nesse período da Luck Produções, o Didio continuou sua parceria com a C4, colocando a banda para tocar nos eventos que produzia. Assim, os convites para a C4 tocar nos eventos dobrou. Mas o Didio, que já produzia eventos maiores, para até três mil pessoas, começou a perceber que estava trabalhando mais por hobby do que como profissional. Como ele viu no esforço, na união e no talento dos meninos uma grande oportunidade de sucesso, propôs que trabalhassem todos juntos, os quatro moleques, o Duds e ele, para fazer a banda acontecer de verdade. "Eles não acreditavam muito, sempre foram humildes, mas eu acreditava, e a gente começou a trabalhar duro", conta o Didio, que foi fazer curso de produção musical no Conservatório Souza Lima para se atualizar. Ao mesmo tempo, começou a colocar a C4 em todos os eventos que ele produzia, abrindo shows de bandas maiores que já tinham mais destaque no circuito, como Fresno, Forfun, e também para tocar em casas maiores, com mais público. A C4 virou figurinha fácil nos eventos na Tribe House. Com tudo isso, o ritmo dos shows aumentou, e o das maratonas familiares de fim de semana também, o que levou as famílias dos meninos a "adotarem" o Didio e o Duds. Os meninos começaram a ser convidados para shows em algumas cidades do interior de São Paulo, próximas à capital, e para cumprir essa nova agenda contavam agora com mais um carro, o do Duds. Mesmo assim, o envolvimento das famílias não diminuiu, continuavam levando os equipamentos aos shows, dando caronas para os meninos e também para os amigos, quando preciso — era uma ótima oportunidade de assistir à evolução dos filhos no palco.

Não foram apenas os pais que viraram fãs de carteirinha dos meninos da C4. Os amigos da escola também se esforçavam para não perder um show. Durante os intervalos das aulas no colégio, o pessoal — alunos da classe do Pe Lanza e do Koba, e também da classe do Pe Lu — começou a se unir ainda mais em torno dos meninos da banda e da música deles. A Alana Cardoso, amiga do Koba e do Pe Lanza, que acabou conhecendo o Pe Lu e o Thomas por causa dos shows da C4, conta que "até os dias de estudar para recuperação trimestral eram animados. A gente ficava o dia inteiro na escola, e sempre tinha música. Todo mundo ficava sentado no sol, só com o violão, cantando".

Os shows da C4 entraram para o calendário de fim de semana dos amigos, que ficavam na turma do gargarejo apoiando a banda, cantando. "A gente ficava lá na frente, todo mundo com as mãos pra cima, era engraçado. O lugar às vezes estava vazio, só nós e as famílias. Era muito gostoso porque eles tocavam como se a casa estivesse cheia, sempre foi assim", lembra Alana. O Thomas também tem boas lembranças dessa época: "Era engraçado que na escola a gente tinha os mesmos grupos de amigos, então já sabia quem ia vender para qual grupo e, como todos nós andávamos na mesma galera, geralmente faltava amigo. Aí era a vez das famílias entrarem pra completar".

Como a turma era muito festeira, na sexta-feira todo mundo já combinava o horário em que iria se encontrar no show. Quando as apresentações eram na Tribe House ou em casas de shows no bairro em que os meninos moravam, a turma e os moleques saíam depois da apresentação para comer ou iam pra casa do Koba ou do Pe Lanza — como eles moravam em condomínio, havia mais espaço e eles podiam curtir a noite juntos. A união do grupo era tal que houve ocasiões em que os amigos se "enfiaram em roubadas", com as famílias dos meninos, só para estarem juntos. A Alana se lembra de uma apresentação deles na rua Frei Caneca, na região central de São Paulo, no Subjazz, que por fora parecia uma casa abandonada. O lugar era pequeno, cheirava a mofo, não tinha nem palco. O público entrava numa sala escura, toda forrada de preto, e a banda tocava em cima de um tapete, fingindo que era palco. "Tinha uma escada e um degrau em que todo mundo escorregava, então a gente ficava lá só pra ver o pessoal cair. Mas a gente estava lá, junto", diz Alana, com um sorriso, ao se lembrar do espírito de diversão e aventura que ligava os amigos na época do colegial.

Outro amigo de classe do Koba e do Lanza, o Rafael Saad, conta que não gostava muito do som da banda quando eles começaram, "porque não é meu estilo de música preferido", mas acabou sendo seduzido pelo alto astral da C4. "Nós nos divertíamos nos shows, íamos para a frente fazer volume na plateia. Com o tempo, notamos que a banda ganhava novos fãs, que até traziam cartazes com declarações para os meninos", lembra o Rafael.

No começo de 2008, houve uma situação complicada para a C4 enfrentar. A família do Thomas estava passando por uma fase financeira difícil, e a mãe dele estava com sérios problemas de saúde. Os shows estavam indo bem, a banda crescia, mas ninguém ganhava nada, e, como o Thomas precisava de grana, ele comunicou aos moleques, ao Duds e ao Didio que iria sair da banda. Foi como ter jogado uma bomba no colo de todo mundo, mas, além do apoio moral, ninguém tinha muito como ajudar também. Os meninos marcaram um ensaio num estúdio perto da casa do Thomas, com o novo candidato às baquetas, que era colega de sala do Pe Lu, e pediram para o Thomas aparecer para dar umas dicas. "Foi um fiasco total", lembra o Duds. O menino não chegava nem perto do Thomas. O Didio ficou tão desapontado que considerou a hipótese de desistir também. Ele chegou a dizer: "o sonho acabou".

Nenhum dos dois estava se conformando com a saída do Thomas. Por isso decidiram convidá-lo para ajudá-los na produção musical, dividindo a grana dos lucros com ele. "Foi legal, porque ele começou a produzir sozinho também", lembra o Duds. Thomas reconhece, e não esquece. "O Didio dividia às vezes o lucro pela metade comigo, e eu nem tinha trabalhado tanto assim. Sou muito grato a ele", diz Thomas.

Com um pouco de dinheiro no bolso para ajudar em casa, o Thomas resolveu voltar para a C4. Nessa época, os garotos começaram a observar que o pessoal do NX Zero estava estourando, e perceberam que precisariam inovar para seguir a mesma trilha. Se continuassem no mesmo estilo, seriam apenas mais uma banda a tocar no underground, sem pegada própria. Não era isso que eles queriam. E, apesar de já terem algumas pessoas seguindo o fotolog da C4, criado alguns meses antes, eles se sentiam maduros para parar com tudo e começar do zero. Resultado: colocaram no fotolog da banda este *post*: Comunicado importante — estamos dando um tempo para novas ideias, pensando em novas coisas, ano que vem vocês terão coisas novas. "A gente decidiu terminar com tudo, jogar as músicas fora ou reinventá-las", conta o Pe Lu. "A única que a gente manteve sem mexer foi *Amanhecer no Teu Olhar*, da qual eu gosto muito. Decidimos remontar a banda, compor músicas novas, com uma nova pegada."

## RECOMEÇAR

Os meses seguintes foram um período de gestação. Os meninos faziam reuniões constantes, se dedicando a intensas pesquisas sobre o que estava rolando de novo fora do Brasil de que eles gostassem. Começaram a ouvir bandas como All Time Low, The Maine, Rocket Summer, Cash Cash, Forever the Sickest Kids, McFly, caras que estavam fazendo um som com o qual se identificavam e tinha muito mais a ver com eles. "A gente pirou no movimento que nos Estados Unidos estava sendo chamado de pop punk, no trabalho da banda All Time Low, e decidimos compor músicas novas", conta o Pe Lu. O Pe Lanza comenta que eles também pesquisaram bandas com um estilo "anos 80", mais alegre, como o da banda norueguesa A-ha e também mais atual, como o Blink 182. "Nós criamos um formato novo, inserimos nas nossas músicas a batida eletrônica, o sintetizador, começamos a misturar essas referências e virou um som com a nossa cara, voz e melodia alegre", diz o Pe Lanza.

Nesse processo, o Pe Lu e o Koba se dedicaram também a compor e retrabalhar algumas músicas da C4 com a nova pegada da banda, e todos juntos fizeram os arranjos finais de *Amanhecer no Teu Olhar*, *Vou Cantar*, *Sobre Eu e Você* e *Recomeçar*. As primeiras gravações da C4 eram feitas na casa do Pe Lu, que sabe trabalhar a edição de música, mas os meninos queriam gravar em estúdio, ter mais qualidade. Como eles não tinham dinheiro para pagar por isso, propuseram uma permuta com o estúdio Super Nova, cujos donos eram integrantes da banda Quarter. A ideia era gravar no estúdio e em troca colocar a Quarter para tocar nos eventos que a Luck Produções, e o Didio, em parceria com o Thomas, ainda estavam produzindo. A banda poderia assim gravar a EP sem custos no estúdio. EP, abreviação do inglês Extended Play, é um CD que fica no meio do caminho entre um single, que só tem uma música, e um CD completo. É com a EP que os artistas criam uma amostra de seu trabalho para gravadoras e também fazem a divulgação, dando-a ou vendendo-a em shows, etapa pela qual a Restart também passou. Os meninos se reuniam, com o Didio e o Duds, para copiar os CDs, imprimir, colar e montar as capinhas. O mês era julho de 2008, e como os meninos estavam em férias, puderam se dedicar às gravações.

O Duds comenta que eles comemoraram muito quando souberam que ia rolar a gravação. "Era um estúdio de verdade, e não a edição doméstica que eu fazia antes", lembra o Pe Lu. Às vezes passavam a noite no estúdio gravando e, quando dava uma folguinha, jogando videogame. Como não podia deixar de ser, mais uma vez os pais entraram na jogada, para levar e buscar os garotos. "O estúdio fica no Jabaquara, que é longe da nossa casa, e, na primeira vez em que fui buscar os meninos, saí mais cedo e fui com um mapinha na mão, pra não ter erro", conta a Leni. "Acabei chegando quase duas horas antes do combinado.

Quando os meninos escutaram a EP pronta, ficaram surpresos. Não era nada parecido com o som que eles faziam antes, mas também não era parecido com nada que estivessem fazendo no Brasil. "A gente ficou com medo, por ser algo novo, mas era parecido com a gente", conta o Pe Lu. Era a hora de escolher um nome para a banda. Houve sugestões, entre outras, de Alpha Dog e Royal ("mas tinha cara de gelatina", ri o Koba). Na seleção final, que durou uma semana, ficou Alpha Dog, Plush e Replay, mas eles ainda não estavam contentes.

Os meninos também já estavam com a ideia de mudar o visual. Um dia, os moleques se reuniram na casa do Pe Lanza para pensar em coisas novas para a divulgação. Conversa vai, conversa vem, tiravam um tempinho para jogar videogame. O Pe Lanza, que estava perdendo, ficou bravo e soltou a frase: "Véio, dá um *restart* aí pra ver se rola". Os quatro garotos sacaram na hora que aquele era o nome para a banda, que tinha tudo a ver com eles, com o momento e a proposta do trabalho da banda, e até com o título de uma das músicas novas, a *Recomeçar* — ou *restart*, em inglês. “Fui pra casa desenhar, fiz o logo, mandei para os moleques, eles curtiram e já era, ficou Restart”, diz o Koba.

Dessa vez, como lembra o Pe Lu, “a gente já começou o novo trabalho com planejamento. Marcamos o primeiro show da banda na Tribe House para um mês depois do lançamento na internet, para dar tempo de divulgar, a galera ouvir, conhecer e, quem sabe, ir até ao show para nos conhecer”. O MySpace era, na época, o único site que os meninos podiam ter sem precisar pagar domínio ou contratar um programador. O Koba começou a estudar o funcionamento do MySpace e desenhou a página da Restart. Eles fizeram uma primeira sessão de fotos experimentais com uma amiga que estava começando a fotografar. Eles ainda não tinham o famoso visual colorido: foram de preto e branco, boné, óculos escuros e levaram uns bichinhos de pelúcia para brincar. Para colocar no ar o MySpace, eles precisariam de uma grana, e para arrecadar a quantia necessária decidiram fazer um último show da C4, uma espécie de despedida, antes do lançamento oficial da Restart. O Didio e o Duds produziram um evento só com a Cine e a C4, dias antes da viagem de formatura do Pe Lu e do Duds para Bariloche. Quem ficou encarregado de colocar as músicas no MySpace foi o Pe Lanza. “Eu lembro que no dia 5 de agosto anunciei na internet que colocaria as músicas, postei quatro de uma vez”, diz o Pe Lanza. “Foram 14 horas até elas entrarem no ar.”

Quando, lá de Bariloche, o Pe Lu conseguiu acessar o MySpace, três dias depois do lançamento na internet, eles estavam com a surpreendente marca de três mil *plays* por dia, quase batendo em dez mil em menos de uma semana. “Era surreal pra gente, porque na época da C4 a gente tinha em um mês mais ou menos uns 150 *plays*”, afirma. E o Pe Lanza complementa que, para o Brasil, na época, foram resultados históricos, porque quase ninguém conhecia o MySpace — foi uma sacada dos quatro, que sempre foram antenados com tecnologia. “Nós começamos a divulgar e em uma semana ficamos em primeiro lugar no Top 10 do Brasil, chegamos a ocupar o 36º lugar no MySpace mundial, foi uma vitória", diz o Lanza. "Vez ou outra apareciam uns gringos comentando a nossa página." No ranking de 2010, a Restart ficou em primeiro lugar, pelo terceiro ano consecutivo, entre as bandas mais ouvidas no MySpace.

Assim que o Pe Lu e o Duds voltaram da Argentina, começaram as reuniões semanais de avaliação e planejamento, com foco na divulgação da banda pela internet. Cada um dos meninos tinha que atualizar as notícias e as redes sociais da banda pelo menos duas vezes por semana. "A gente tinha um problema com o Koba e o Thomas, porque os dois nunca atualizavam. Mas como estávamos focados nisso, começamos a cobrar. Acho que esse foi um grande diferencial da Restart", comenta o Duds.

O primeiro show da nova banda foi no Ocean Clube, na rua Augusta. "A gente nem conta esse como show, foi experimental, não tinha nem 30 pessoas e estava testando tudo, equipamentos, soltar *sampler*. Pra gente foi quase como um ensaio", conta o Koba. *Sampler* são arquivos de sons digitais, gravados pelos próprios músicos ou mixados com outros tipos de sons, e que são eletronicamente inseridos nas músicas durante o show. É um recurso moderno, utilizado na música há pouco tempo, e que a Restart adotou desde o início, o que ajudou a dar personalidade musical à banda.

O primeiro show pra valer da Restart aconteceu no dia 31 de agosto de 2008, na Tribe House. Para complementar o repertório da banda, além das quatro músicas novas, os meninos experimentaram algumas canções das bandas que curtiam, até chegar no modelo final de apresentação, que incorporou a música *Beat It*, do Michael Jackson, ao repertório de músicas da banda. Eles ainda estavam procurando um visual que traduzisse as ideias e a musicalidade nova. Continuaram pesquisando até que várias situações aconteceram quase simultaneamente e ajudaram os moleques a assumir o colorido, tanto nas roupas como no rock brasileiro.

Na segunda sessão de fotos da banda, dessa vez comandada pelo fotógrafo Eduardo Romeiro, o Orelha — que em janeiro de 2011 voltou a ser o fotógrafo oficial da Restart —, o Pe Lu levou umas quatro calças para experimentar durante as fotos, inclusive uma verde que ele costumava usar em alguns shows, quando o Didio brincava que ele era o Super 15 (o super-herói que a empresa Telefonica criou para uma de suas campanhas publicitárias, cujas cores da roupa eram verde e azul). Os meninos começaram a experimentar as calças, e as fotos já saíram com eles vestindo calças coloridas.

Além disso, o Pe Lanza assistiu a um show da banda Cash Cash pela internet, no qual o vocalista, Jean Paul Makhlouf, usava uma calça roxa. Por coincidência, ele viu uma calça roxa no guarda-roupa de uma amiga, pediu emprestada e começou a usar nos shows da Restart. "De repente, começaram a aparecer algumas garotas com calça roxa", lembra o Duds. Os moleques perceberam que esse era o caminho para criar a identidade visual da banda. Para não ficar pegando emprestadas as roupas das amigas, pediram para elas comprarem umas calças coloridas, que os quatro começaram a usar nos shows. Depois, investiram a pouca grana que entrava na compra de modelos de marcas brasileiras, como a Colcci e a TNG, e também algumas estrangeiras, com mais variações de cores e modelos.

A Luck Produções, o Didio e o Thomas deram um gás na produção de shows para, assim, colocar a Restart para tocar. Era o segundo semestre de 2008, e eles queriam e precisavam mostrar o novo trabalho no maior número de eventos possível. Eles chegaram a fazer até três shows por dia, ainda no mesmo esquema de *Pay to Play*, sempre contando com a ajuda da família para levar os instrumentos nas maratonas de fim de semana, só que agora o Duds e o Didio, além de serem os produtores, também faziam o papel de *roadies* e seguranças. "Isso tudo era para que a banda começasse a ter um comportamento mais profissional", diz o Duds. No meio do semestre, os meninos ganharam seu primeiro cachê, R$ 70 para cada um. "Foi a maior comemoração", lembra o Didio. A partir daí, eles começaram a tocar sem ter que arcar com o valor dos convites, o que era uma conquista e tanto.

O trabalho de divulgação pela internet continuou a todo vapor, porque era o único que os meninos podiam fazer sem gastar nada. O número de *plays* continuava aumentando, e com isso também os convites para shows no interior de São Paulo e até em outros estados. De um jeitão improvisado e amador, eles se apresentaram em Curitiba, viajaram num ônibus lotado com outras bandas, ficaram meio dia na estrada e o outro meio dia esperando na cozinha da casa de shows, até chegar a hora de tocar. Os garotos ficaram sem dormir e sem comer. Quando perceberam que não seria oferecido nem mesmo um lanche para as bandas que estavam se apresentando, os meninos foram falar com o cara que os contratou, que deu dinheiro para comprar um (isso mesmo, um) único cachorro-quente, dividido entre os cinco moleques famintos e cansados.

Em São Paulo, no entanto, a situação começava a mudar. O público dos shows aumentava, e uma das provas disso era o sucesso das vendas do merchandising, que nessa época era feito de maneira caseira. Quem começou esse trabalho com a banda foi o Didio e a Luciana, ainda no tempo da C4. A Luciana era amiga da família do Koba antes até de a Morning Glory existir, e se tornou fã incondicional dos meninos quando eles montaram a C4. "O som deles me encantou", diz ela. A Luciana ajudava a divulgar a música deles na Internet, e se lembra do *slogan* da banda, que era "Ouça e Sinta".

Eram a Leni e a Rita que tentavam vender as camisetas que o Didio produzia com os desenhos do Koba, mas elas não tinham jeito nenhum para isso, eram tímidas, não sabiam abordar os possíveis compradores, por isso a Luciana assumiu o trabalho. Quando houve a mudança para a Restart, eles foram profissionalizando mais o trabalho, assumindo também a produção das camisetas. Nessa época, a Luciana vendia cerca de 10 camisetas por show. No final de 2008, já eram mais de 50 — e já começavam a pensar em diversificar modelos e produtos. Para reforçar a equipe que estava trabalhando com a banda nos shows, além da Luciana, chegou William Ferreira da Silva, o Willy, amigo do Pe Lu, que se tornaria o *roadie* dos meninos, complementando o time com o Duds e o Didio.

O pessoal todo trabalhava na raça mesmo, sem ver nenhum tostão, por amor aos moleques e ao sonho deles, que já tinha se tornado o sonho do Duds, do Didio, do Willy e da Luciana. “Nós éramos oito na Restart”, afirma a Luciana, que hoje é contratada da Band Up, a empresa responsável pela venda de produtos da banda, tanto na loja física montada nos shows como na loja virtual, a Restart Shop, outro sucesso da banda, que já se tornou uma marca estampada não apenas em camisetas, mas também em mochilas, capas de cadernos, relógios, roupas de cama e banho, objetos que acompanham o dia a dia dos fãs.

Quem cuida dessa parte do licenciamento da grife Restart é o empresário Luiz Angelotti. Luciana acompanha a banda nas viagens da turnê e, com a Mônica Aires, que veio completar a equipe em meados de 2010, é responsável pela montagem da loja e venda dos produtos da Restart nos shows. “Nós começamos com a ideia de fazer camisetas, ainda na C4”, diz o Pe Lanza. “O Koba desenhava as estampas. Nem era para ter lucro, era para ver a galera usando e também divulgar o nome da banda. Tudo o que a gente tem hoje é graças às ideias dessa época, das camisetas, das vinhetas das músicas. Nós fomos amadurecendo e as ideias foram surgindo.” Ele viu uma fã usando uma camiseta da C4 na entrega dos prêmios VMB de 2010 e foi conversar com ela. “Sabe o que ela me disse? Que era uma camiseta histórica, porque é dos primórdios da Restart Shop, e tinha razão”, completa.

Em outubro de 2008, um encontro especial sinalizou que a realização do sonho talvez estivesse mais perto do que todos esperavam. Karina Ferreira era amiga da Amanda Cavalcanti, que por sua vez era da turma dos meninos, uma das primeiras fãs da Restart. A Karina trabalhava no meio fonográfico, conhecia o mercado musical — na época trabalhava na EMI Music Brasil. As duas combinaram de assistir juntas ao show da banda McFly, em São Paulo, e no carro, falando de música, a Amanda colocou para tocar no celular a música da Restart, que apresentou como sendo a "banda nova que ela curtia muito, formada por alguns amigos". A música era *Recomeçar*. "Eu ouvi e achei a música animal", lembra Karina. A Amanda contou que encontraria o pessoal da banda no show, e, logo que elas chegaram, encontraram com o Pe Lu, e depois com o Koba e o Pe Lanza na fila. A Karina deu parabéns para os meninos, disse que tinha gostado muito do som deles. Em retribuição, foi convidada para ver o show do domingo seguinte na Tribe House.

No domingo, a Karina ficou ainda mais surpresa. O show estava cheio, a plateia cantava todas as músicas, embora o esquema ainda estivesse longe de ser profissional. Aconteceram vários probleminhas no palco, mas os meninos se saíram muito bem de todos eles. Além disso, ela viu que o público comprava as camisetas e trocava músicas por celular. "Eu fui vê-los no camarim depois, eles estavam meio constrangidos pelos incidentes no palco, me chamaram de 'garota da gravadora', explicaram que tocavam juntos havia vários anos, mas que tinham recomeçado fazia pouco tempo", conta Karina. "Eles ficavam se desculpando, mas eu estava impressionada, só pensando que eles eram artistas natos, que tinham nascido para a música, o repertório era ótimo, eles iam ser muito grandes." No dia seguinte ela comprou todas as revistas teens do mercado, percebeu que não havia nada parecido com o que tinha visto no palco no dia anterior e decidiu ajudar os meninos na tarefa de encontrar uma gravadora para a Restart. Foram semanas mostrando as músicas no MySpace para as pessoas que ela conhecia no meio musical, mas as respostas não eram nada animadoras.

Com o tempo, o público da Restart só aumentava. Os moleques deixaram de lado os festivais e shows com muitas bandas e começaram a fazer apresentação com apenas mais uma banda. Frequentemente, eram a banda principal do dia e já lotavam sozinhos algumas casas. O Duds se lembra do show no Satva, a primeira vez que a Restart fechou uma casa para tocar sozinha. Eles foram cedo para o lugar, prepararam o espaço, encheram bexiga, voltaram para casa para se arrumar e retornaram para o show. Quando chegaram, encontraram a casa lotada, com mais de 200 pessoas. "Todos estavam lá para ver a Restart", diz o Duds.

Depois houve um show na Tribe House, lugar em que tocaram tantas vezes. Embora a apresentação fosse dividida com a banda Granada no folheto de divulgação, a Restart era anunciada como a atração principal do evento. A Restart em seguida tocou sozinha no Hangar 110, local que tinha um grande significado para os meninos, já que nessa casa eles tinham assistido a vários shows de suas bandas preferidas. Esse foi um dos dias mais emocionantes para a banda e a equipe. "Os meninos tinham uma vontade infinita de lutar pelo que queriam, eles brincavam que um dia iam ser a maior banda do país", conta o Duds. "Mas nunca deixaram de ser humildes, agradecidos, de comemorar cada mínima conquista. Eu acho que era essa alegria e essa garra que movimentavam a gente."

## ESCRITO NAS ESTRELAS

A Karina ia a quase todos os shows da banda, e continuava determinada a ajudar a Restart a encontrar uma gravadora. Buscando na memória as pessoas com quem havia trabalhado e que podiam ajudar, ela se lembrou do Marcos Maynard, ex-presidente de gravadoras como a Sony, Polygram, Abril Music e EMI, no México, Estados Unidos e Brasil. Nas duas últimas a Karina trabalhou com ele e construiu um relacionamento de amizade e credibilidade.

Veterano do mercado, Maynard foi responsável por grandes lançamentos e sucessos da música brasileira e internacional, entre eles as bandas RPM, CPM 22 e Los Hermanos. A Karina ligou para o Maynard, contou da Restart e pediu para ele ouvir as músicas da banda no MySpace. Ele gostou logo na primeira vez que ouviu, mas foi só algumas semanas depois que decidiu ver a banda no palco, ao vivo. Em fevereiro de 2009, Maynard convidou o empresário e produtor musical Guto Campos, seu amigo e parceiro de longa data, para acompanhá-lo ao show da Restart, na Tribe House.

Antes mesmo de começar, Maynard já sentiu uma energia diferente no ar. Quando as luzes se apagaram, as meninas começaram a sacar seus celulares para gravar tudo, como se nenhum instante pudesse ser perdido. Quando os meninos entraram no palco, com seus tênis e camisetas coloridos, Maynard percebeu na hora que eles tinham estilo. Quando começaram a cantar, ele se entusiasmou. "Foi um negócio incrível, as meninas cantando todas as músicas que nunca tinham tocado na rádio, uma performance ao vivo espetacular, digna de artistas com anos de estrada", diz.

Não foi só o Maynard que ficou entusiasmado com o que viu no palco da Tribe House. O experiente Guto Campos, músico e dono do estúdio de gravação ArtMix há mais de 20 anos, também se surpreendeu. "Eu não queria trabalhar com rock, mas quando vi os caras tocando...", lembra Guto. "O som era muito bom, mesmo com a estrutura ruim da casa. Na terceira música eu olhei para o Maynard e percebi que já não ia ter mais jeito... É claro que o trabalho deles precisava de alguns ajustes, mas o essencial, que era o talento e as músicas, já estava ali."

Eles foram para o camarim, conversaram com os meninos, e falaram da intenção de trabalhar com eles. Naquele dia, a comemoração da banda com as famílias e os amigos foi inesquecível.

Logo depois, para mostrar que falava a sério, Maynard convidou os garotos para uma conversa no escritório dele. Esperava uma reunião longa, e que eles viessem acompanhados dos pais. "Vieram os quatro sozinhos, sentaram e falaram o que eles achavam, o que eles queriam, o que eles eram. Eu gostei muito, e o Guto também", lembra o Maynard, que revela já ter sido conquistado pelo quarteto nessa primeira reunião, pela independência e determinação.

O Maynard começou a ter algumas reuniões informais com os meninos, de orientação, até que ele e o Guto pediram para que eles fizessem uma nova gravação de três músicas — *Recomeçar*, *Vou Cantar* e *Sobre Eu e Você* — no Estúdio ArtMix. O estúdio fica na Vila Maria, zona norte de São Paulo, bem distante da casa dos meninos. Dessa vez, quem foi responsável pela maratona de caronas, além do Duds, foi a Karina, que continuava a acompanhar as conquistas da banda de perto — ela também trabalhava como uma assessora de imprensa informal da banda. O objetivo principal da gravação em estúdio era produzir uma versão das músicas com qualidade profissional para substituir as que estavam disponíveis no MySpace, mas esse também era um grande teste, para verificar a qualidade musical dos meninos. "Eles queriam ver se a gente era de verdade, se a gente sabia tocar mesmo ou era produção de estúdio, porque hoje em dia você altera a voz com uma tecla no computador", conta o Koba.

Foi no estúdio, durante as gravações dessas três primeiras músicas, que o Guto Campos teve certeza de que a parceria com o Maynard e a banda estava selada. Ele se surpreendeu, positivamente, com a competência dos quatro artistas, que não só sabiam tocar muito bem, como também sabiam aplicar esse talento musical para compor e aprimorar as músicas quando necessário. "E, além de tudo isso, tinham gosto musical antenado com o que o público gosta de ouvir", afirma o Guto. "Porque não adianta nada ser virtuoso no instrumento e não ter a visão do público, do que agrada a quem vai ouvir a música." Depois de um mês no estúdio gravando, o resultado ficou tão bom que as músicas já estavam prontas para ir para o primeiro CD da banda.

Para o Maynard, o resultado não podia ter sido melhor. Ele acredita que, no rock, não se pode interferir na composição da banda, porque isso destrói o coração do grupo. No máximo é preciso polir o diamante artisticamente, adicionar um compasso aqui e outro ali, e foi exatamente isso que ele fez com as três músicas da Restart. "A harmonia estava muito clara na cabeça deles, o Pe Lu e o Koba tocam guitarra com acordes invertidos, como roqueiro inglês, e isso não é qualquer um que faz", diz ele. "Eu tenho mania de olhar para a mão deles. Vi que o Thomas é um monstro na bateria, o Pe Lanza marca muito bem no baixo e dá massa para a música. No estúdio, as músicas, que já eram boas, cresceram de forma brutal. Além disso, são três que cantam, e eles adaptam a melodia às suas características. O Pe Lu tem a voz com ar, que é a voz sexy, dá vontade de escutar mais a música, o Koba dá volume ao conjunto com uma voz muito afinada, e aí entra o Pe Lanza com voz de anglo-saxão, sobe com a melodia e vai embora. Fora que eles têm outra grande vantagem sobre muitas bandas por aí: gravam de primeira." Tanto o Guto como o Maynard concordam que, além da competência dos meninos no estúdio e no palco, houve outro fator determinante para a decisão de contratar a Restart: o sucesso da banda com os fãs na internet. Quando as gravações terminaram, em meados de abril de 2009, a Restart acumulava um milhão de *plays* no MySpace, um número recorde para uma banda que não tinha sequer CD gravado. O Guto diz que ficou impressionado com a dedicação dos meninos na comunicação com os fãs. "Nos intervalos das gravações, do estúdio mesmo, quando a gente dava um tempo para descansar e voltar com a cabeça mais fresca, os meninos abriam os notebooks e ficavam lá, on-line, teclando, um pertinho do outro", afirma o Guto. "Eles já tinham uma maneira própria de se relacionar com os fãs. É uma relação com muito respeito."

Assim, depois de ouvi-los ao vivo e no estúdio, e de considerarem a admirável base de fãs que a banda já possuía na internet, o Maynard e o Guto fizeram uma proposta. Em maio de 2009, a Restart estava oficialmente contratada pela Maynard Enterprises em parceria com a ArtMix, num modelo inovador de negócio: os seis são sócios na gestão da vida da banda. "Nós temos participações diferentes, até pelo investimento inicial que o Maynard e o Guto fizeram, mas somos sócios, opinamos e participamos de tudo que diz respeito à banda", afirma o Pe Lu.

## SUCESSO INDEPENDENTE

Nas primeiras semanas, o contrato não mudou muito a vida da Restart, porque o Guto e o Maynard dedicaram-se inicialmente a encontrar uma gravadora para lançar o CD da banda. Com os contatos de mais de vinte anos de mercado, fizeram reuniões com a Som Livre, a Warner e a Disney, além de uma conversa informal com a Sony. Durante esse processo de negociação, os meninos continuaram com os shows de fins de semana na companhia do Duds, do Didio, do Willy e da Luciana, só que agora já tinham sua própria van para as viagens — o que foi objeto de muita comemoração. O esquema parecia completo, até que um incidente em Santos mostrou que não era bem assim.

Durante uma apresentação da Restart em Santos, houve um mal-entendido entre o Thomas e um cara de uma banda local, que achou que o Thomas estava dando em cima da namorada dele. Não foi o que aconteceu, mas mesmo assim o cara juntou vários amigos e ameaçou agredir os meninos. O Duds e o Willy, que na época também faziam papel de seguranças, conseguiram tirar os meninos a salvo do lugar, mas como no carro só cabiam cinco, um teve de ficar pra trás. Resultado: o Duds ficou e levou uma surra e tanto. A encrenca não parou por aí, porque o pessoal da tal banda via o anúncio dos shows da Restart em São Paulo, e fazia ameaças.

Por conta disso, ficou decidido que a equipe seria reforçada, dessa vez com a contratação de um segurança profissional para a banda. Foi assim que o Jesué Grego, guarda-costas dos meninos, entrou no time e está com eles até hoje. Antes de o Jesué entrar, começaram também os shows em outras capitais, como Porto Alegre (onde o motorista da van se perdeu na estrada) e Curitiba (o show foi um fiasco, com cinco pessoas na plateia). "Mas os meninos tocavam como se cinco mil pessoas estivessem assistindo", diz Willy. "Eles sempre foram assim. É maravilhoso vê-los tocar para poucos como se fosse para um estádio lotado."

O primeiro show em Campo Grande, Mato Grosso do Sul, ficou conhecido entre os meninos como o show do pajé. Foi a primeira viagem da banda para o estado, com tudo pago — esse tudo pago consistia nas passagens de ônibus (era muito longe para a van) e a alimentação do dia. Os quatro meninos e o Duds viajaram 16 horas, tomaram banho na casa de um menino da cidade, montaram e desmontaram os instrumentos sozinhos. A plateia não era tão numerosa, mas o show foi muito bom. Na hora de pegar o ônibus de volta, estavam exaustos. O ônibus vinha da cidade de Corumbá, e havia apenas cinco lugares vagos, todos separados. O primeiro a entrar foi o Thomas, que deu uma olhada nos passageiros, voltou e avisou os meninos: "Tem até um pajé com a gente". Os meninos se divertiram com a situação. "Nós desmaiamos e só acordamos em São Paulo", lembra o Duds.

Enquanto aguardavam a resposta das gravadoras que eles tinham contatado, Maynard e Guto decidiram levar os meninos para o estúdio para gravar mais sete músicas para o CD. Era final de junho, as aulas estavam acabando, e os empresários pediram novas músicas para escolher o repertório final. “Eu precisava de 15 a 20 novas músicas, para selecionar as melhores e fazer um lançamento de alta qualidade”, diz Maynard. Entrou em ação a parceria de composição do Pe Lu e do Koba, e em duas semanas a banda apresentou 15 novas canções. “Já tínhamos algumas músicas prontas, mas nos reunimos quase todos os dias no meu quarto para pensar em novas canções”, conta o Pe Lu. “Os dois trazíamos ideias, íamos compondo e gravando.”

*Amanhecer no Teu Olhar*, por exemplo, o Pe Lu fez para uma ex-namorada, e *Breve História*, para uma amiga no aniversário de 15 anos dela (as duas já estavam basicamente compostas, foi só dar uma arredondada). *Final Feliz* nasceu de uma carta que o Koba recebeu de uma ex-namorada “muito importante pra mim”, ressalta. Ele transformou a carta em música, “mas aí o Pedro Lucas tirou o refrão, mudou um pouco o resto da letra, e no fim, ficou assim”, conta o Koba, que afirma que eles não têm um processo de composição, cada música tem a sua história.

Para o Koba, o ponto de partida das composições é a gravação das melodias que surgem quando está brincando com o violão, o que acontece praticamente todo dia. Às vezes, o Koba e o Pe Lu compõem juntos, ao mesmo tempo, letra e música. *Ao Teu Lado* nasceu da vontade de os dois comporem uma música com uma pegada maior, porque eles estavam ouvindo um som mais pesado e queriam reproduzir essa influência. *Bye, Bye* é uma combinação dos sentimentos que o Pe Lu vivia no dia que escreveu a letra, e a melodia acompanhou a emoção, resultando numa música gostosa de tocar, “meio que se despedindo de vez de um amor que já acabou, sabendo que dá pra ser feliz de novo”. Já *O que Você*

*Sonhou* começou primeiro com a música — o Pe Lu e o Koba queriam fazer uma composição com pegada eletrônica, que tivesse um *riff* bem forte, bem diferente até do estilo da banda, "e o Koba criou um *riff* sensacional", comenta o Pe Lu. Ele compôs sozinho *Esse Amor em Mim*, "que tem tudo a ver com minhas histórias de amor, mas tem também uma pegada pop mais madura".

Começaram então as reuniões de repertório entre o Maynard e os meninos, nas quais eles ouviam as músicas juntos, comentavam letra e melodia, faziam sugestões de arranjo, até chegarem a uma seleção final. A única música que o Maynard quase rejeitou e sugeriu algumas mudanças estruturais foi *Levo Comigo*, que nasceu das emoções do Pe Lu com outra ex-namorada. Mas o Guto insistiu com o Maynard, e a música acabou ficando — embora eles tenham trabalhado bastante até chegar à versão final, num arranjo em que o Guto toca piano. Com o repertório escolhido, começaram as gravações no Estúdio ArtMix, todos os dias, à noite, durante semanas. "Nessa época os meninos ainda faziam pequenos shows nos fins de semana, com o Duds, o Didio e o Haroldo de equipe. O Guto explica que conversou com os garotos e ponderou que ainda não era hora de marcar shows, porque ele e o Maynard preferiam trabalhar por partes, e que primeiro era preciso gravar o CD. Como o quarteto já tinha tido a experiência no estúdio com as três primeiras músicas, não foi tão complicado finalizar o CD, embora tenha sido bem cansativo. "Na verdade, exaustivo, porque foram dias e noites seguidos, às vezes a gente até comia e dormia no estúdio", diz o Koba. "Esse tempo e as conversas com o Guto e o Maynard sobre as composições e os arranjos nos fizeram amadurecer ainda mais musicalmente."

O CD ficou pronto, mas e as gravadoras? Até aquele momento, nenhuma resposta. Embalados, os meninos não queriam ficar sentados esperando, e colocaram pressão nos dois sócios para gravar um videoclipe da banda e colocar no

YouTube. "Eu estipulei um orçamento ridículo para o clipe, R$ 2 mil, porque a gente achava que ainda não era a hora de gastar com produção", diz o Guto.

Dias depois, a banda apresentou para o Guto o pessoal da produtora de filmes Controle Remoto, que se prontificou a fazer o videoclipe basicamente de graça. Os quatro produtores usariam a grana disponível só para alugar um estúdio para gravar com os meninos, e o resto seria pura criatividade. Nas reuniões de produção, a ideia do colorido partiu dos meninos, e o diretor sugeriu forçar bem o conceito, com os quatro músicos saindo do branco para as cores, que depois se transformariam na roupa deles. Foram 15 horas de gravação, que custaram pouco mais de R$ 2 mil, "à base de esfiha e bolinho de fubá", lembra o Pe Lu. Mesmo sem muitos recursos, "na edição nós conseguimos obter um resultado legal", conta o Guto, que acredita ter sido o primeiro videoclipe o ponto de partida da construção da personalidade e da identidade visual da banda.

Antes de o clipe estar finalizado, os meninos começaram a fazer ações promocionais nas rádios, encontros com fãs, e deram início a uma parceria com a 89 FM, da qual fazia parte tocar nos shows patrocinados pela rádio — num deles a Restart abriu o show da Fresno. No dia 1º de setembro de 2009, a banda participou do evento Semana dos Artistas, dando entrevistas e recebendo fãs. Na volta, já de madrugada, no carro da Karina, o Pe Lanza estava deitado no banco de trás, olhando o céu cinza com cara de chuva, pensando como seria bom ouvir a música da Restart tocar no rádio. Ele pensou em voz alta, e a Karina imediatamente ligou o rádio, e, quando sintonizou no programa *Privet 89*, apresentado pelo André Vasco e pela Danielle Taranha, começou a tocar a versão acústica de *Recomeçar*. "A gente abriu a porta do carro, no trânsito, ficou todo mundo olhando, e a gente gritando que a nossa música estava tocando no rádio, foi muito emocionante", lembra o Pe Lanza.

No dia 20 de setembro de 2009, houve comemoração dupla na Tribe House, com o lançamento do primeiro videoclipe e o aniversário de um ano da Restart — teve até telão no palco para exibir o clipe antes do show. A plateia, lotada, foi ao delírio. Dez dias depois, estava marcada a entrega de prêmios do VMB, da MTV — dia 1º de outubro. O Maynard conseguiu cinco ingressos para os meninos assistirem à premiação, na companhia da Karina. "Eu guardo o ticket até hoje: plateia superior, fileira K, poltrona 330, um dos lugares menos privilegiados do Credicard Hall, local do evento", conta a Karina.

Já para a festa, havia um só convite para os quatro meninos e a Karina. Foi um malabarismo para conseguir entrar no evento, um dos mais badalados e concorridos do ano. O Koba não quis nem tentar, foi para casa direto. Enquanto o Pe Lu, o Pe Lanza e o Thomas esperavam do lado de fora, a Karina entrou com o único convite disponível e procurou o pessoal da MTV que ela conhecia para liberar a entrada dos meninos. Falou com várias pessoas responsáveis pela organização do evento. "Eu lembro da gente esperando no carro da Karina, no estacionamento, e o tempo passando", conta o Pe Lu. "A gente entrou na festa só às três da manhã, mas mesmo assim foi legal. Foi um ano em que a gente já existia, embora ninguém desse bola pra gente."

A Karina também foi responsável pela apresentação dos meninos ao cabeleireiro pernambucano Benedito Araújo, o Araújo Show, dono do salão situado na Villa Daslu, em São Paulo, que cuida dos cortes de cabelos da banda "desde sempre". O Pe Lu, por exemplo, considera Araújo um grande amigo, "porque apostou na gente desde o comecinho, e ajudou a finalizar o visual que a gente estava procurando para a banda". Foi a Karina também quem apresentou a Monique Silva, publicitária e tão fã da Restart que desde dezembro de 2009 cuida do fã-clube oficial da banda. Ela trabalha em parceria com os meninos, principalmente na internet, e agita os fãs para participarem de votações e campanhas importantes para a Restart.

Sem resposta das gravadoras, e com o sucesso da banda nos shows e na internet, não dava mais para adiar o lançamento do CD. Diante disso, o Maynard, o Guto e os meninos precisaram tomar uma decisão muito séria: lançar ou não o primeiro CD da banda por um selo independente, sem a força de uma grande gravadora por trás. Eles decidiram que não tinham tempo a perder e que o negócio era arriscar. Foi assim que o CD saiu, com o selo da Maynard Music e da Artmix, produto do investimento dos dois empresários. "Eu senti que os meninos estavam preocupados, mas os tranquilizei e pedi um pouco mais de calma", lembra o Guto. Ele e o Maynard mandaram imprimir o CD na CD+, uma fábrica de Fortaleza, enquanto contratavam profissionais especializados em divulgação nas rádios, assessoria de imprensa, venda e produção de shows — a equipe da Restart começava a ganhar um novo perfil, mais consistente e profissional. Eles também criaram parceria com Bruno Brau (Bruno de Marchi), a Band Up, que, além de vender os produtos nos shows, passa a cuidar do e-commerce da banda. Logo na sequência fecharam uma parceria de sucesso com Luiz Angelotti, CEO da Angelotti Licencing para licenciamento de produtos com a marca Restart. Em menos de um ano foram fechados 23 contratos, com 500 produtos licenciados, que incluem cadernos, chicletes, mochilas, álbuns de figurinhas, relógios, roupa de cama e banho etc.

A apresentação do clipe da música *Recomeçar* para a MTV foi uma das primeiras ações da nova equipe. O pessoal adorou e logo o colocou na programação, onde chegou a passar até duas vezes por dia. Os meninos, que sabiam que podiam mais uma vez contar com os fãs, aproveitaram que a chance estava no ar e usaram qualquer tempo livre para estimular a galera para pedir à MTV que exibisse mais o vídeo. "Enquanto a gente estava no estúdio, e eles precisavam esperar para gravar, mesmo que por pouco tempo, eu os via enfileirados na mesa pendurados no computador, *twittando* o tempo todo", comenta Guto. Em poucos dias o clipe estava no Top 10 da MTV, bombando.

Nesse clima de otimismo, foi marcada a data de lançamento do CD: 22 de novembro de 2009, na Easy, casa de shows na Barra Funda, zona oeste de São Paulo, com capacidade para cerca de duas mil pessoas. A Restart já havia tocado na casa uma vez, dividindo o palco com a banda Fresno, mas, dessa vez, a banda fecharia a casa só para a festa de lançamento, em parceria com a Rádio 89 FM. O Guto encomendou dois mil CDs para vender na lojinha improvisada, mas só conseguiu receber quinhentos. Quando a banda chegou para passar o som, às 11 horas, já havia mais de mil pessoas na porta. "A gente nunca tinha visto uma coisa dessa, nem conseguimos descer da van, teve tumulto, gritaria", rememora o Pe Lanza. "Parecia que nós éramos o Guns N' Roses! Foi a primeira vez que a gente sentiu esse calor, essa emoção toda dos fãs", continua. "Foi um sufoco", conta o Guto. "Nós anunciamos que quem quisesse o CD autografado podia encontrar a banda no camarim depois do show. Mais de mil fãs não conseguiram entrar." No quiosque, especialmente montado no espaço para vender o CD e os produtos, as meninas choravam com medo de não conseguir comprar o CD e nem entrar no camarim. Para garantir a viagem, acabavam comprando camisetas também, de lembrança.

Mais uma vez em respeito aos fãs, os meninos decidiram, na hora, atender todo mundo que estivesse no show, porque era o dia deles, e eles queriam celebrar com a galera. Não havia nada combinado com a casa, muito menos em termos de segurança, e o Guto precisou chamar até a equipe de produção para organizar os fãs para entrarem no camarim. "Os meninos ficaram quatro horas atendendo os fãs, uma demonstração maravilhosa de consideração do artista com seu público", conta o Duds. “Foi inesquecível.” Para o Guto, o show de lançamento foi um grande aprendizado para todos da equipe de como trabalhar para a banda no futuro, e um indicador de todo seu potencial para o sucesso.

## FELIZ ANO NOVO

Na virada de 2009 para 2010, a Restart lançou um *single* com a música *Nosso Verão*, um CD promocional acompanhado de uma camiseta, e retomou os shows para valer no dia 25 de janeiro, aniversário da cidade de São Paulo. “Foi uma apresentação para 40 mil pessoas no Anhangabaú, no centro da cidade”, lembra o Pe Lanza. “Para nós teve esse sentido de começar bem o ano, com as pessoas cantando com a gente, só boas energias.”

E o ano começou bem mesmo. Saíram nas revistas teens e de música pequenas reportagens e notas sobre a banda. Essa exposição ampliou a parceria da Restart com a MTV. Com o clipe ainda em lugar de destaque no Top 10 da MTV, a Restart gravou um dos programas *Tem uma banda na nossa casa*, que foi exibido na primeira semana de fevereiro, com a banda tocando para um grupo pequeno de fãs numa casa escolhida pela produção. Menos de dois meses depois, a banda estava de volta ao canal, no programa *Acesso MTV*, transmitido ao vivo com uma plateia de 50 pessoas. “A plateia passou rapidamente de 50 para 100 pessoas, e, no final, 400 fãs ficaram pra fora, na porta da MTV!”, lembra o Pe Lu. “Pra gente foi importante porque foi a primeira vez que a gente tocou ao vivo na TV.”

No meio do ano, o clipe de *Levo Comigo* chegou ao primeiro lugar do Top 10 e ficou por lá tempo suficiente para estabelecer novo recorde na história dos 20 anos da MTV Brasil. Em setembro, foi a vez de a Restart brilhar na entrega dos prêmios VMB, vencendo em cinco categorias — pop, artista do ano, hit do ano (*Levo Comigo*), revelação, clipe do ano (*Recomeçar*). No final de novembro, os meninos deixaram a equipe da MTV invadir o dia a dia da banda para o programa *Família MTV: Restart*.

Nos dois primeiros meses do ano, enquanto ainda não havia uma estratégia de distribuição do CD nas lojas de discos, o Maynard e o Guto decidiram vendê-los na lojinha montada nos shows e pela loja virtual, mas os meninos ainda estavam inseguros com o sistema independente de vendas. Foi nessa mesma época que surgiu o Júnior, dono da Radar Records, gravadora e distribuidora também independente, que procurou os empresários para propor parceria na distribuição. Com essa nova parceria, o CD *Restart* começou a ser vendido em março nas lojas de discos, com a faixa bônus de *Nosso Verão*.

Não foi só ver o CD nas lojas que deixou os meninos "mais sossegados", como disse o Guto. Parte dessa tranquilidade estava ligada ao fato de *Recomeçar* já estar tocando nas rádios. O Guto trouxe então o Marcos para cuidar da produção técnica e executiva da banda e ajudá-lo a montar a equipe que acompanharia os meninos na turnê. Na mesma época, o Maynard decidiu dar uma cartada arriscada para a carreira da Restart: contou a ideia que ele tinha de relançar as domingueiras (sucesso entre os jovens nos anos de 1970) para seu amigo Paulo Amorim, dono do HSBC Brasil, casa de shows em São Paulo com capacidade para 5 mil pessoas. Ele topou na hora e nascia aí o Happy Rock Sunday. "Como assim, você acha que a gente vai conseguir lotar uma casa desse tamanho em São Paulo sozinhos?", perguntaram os meninos, apreensivos. Confiante, o empresário encorajou a banda a topar, garantindo que criaria várias promoções para chamar o público. Os meninos venderam diretamente os ingressos para os fãs em uma determinada loja. Teve uma ação em que eles distribuíam, cada um, um *bottom* de presente para quem comprasse o ingresso, e o fã podia escolher o *bottom* do menino de sua preferência. Os meninos logo deram seu toque pessoal à ação, prometendo para a galera que quem entregasse menos *bottom* pagaria mico no show. "Foi uma estratégia de risco, que deu muito certo e acabou consolidando o Happy Rock e o estouro da Restart", diz o Maynard. Ele e o Guto conceberam um evento grandioso, com direito a participação especial do Colírio da Capricho — Federico Devito — para abrir o show no último domingo de março.

Para garantir mais exclusividade para os fãs que iam ao evento, o Maynard pediu para os meninos fazerem uma música especial para o dia. "Eles apareceram com *Happy Rock Sunday*, uma ótima canção, outra prova de como eles são bons músicos", afirma o Guto. Os meninos gravaram a música na quinta-feira no estúdio e mostraram o resultado para os fãs no mesmo dia, via twitcam. "No domingo, três dias depois, os cinco mil fãs que lotaram o HSBC cantaram a música com os meninos. Foi de arrepiar!", diz o Maynard. As domingueiras continuaram até outubro em São Paulo — foram sete ao todo, com duas edições também no Rio de Janeiro, no Vivo Rio, onde em agosto de 2010 a Restart recebeu o Disco de Ouro por 50 mil CDs vendidos.

Foi para o Happy Rock Sunday que o Marcos começou a trazer sangue novo para a equipe técnica dos shows da Restart, e os empresários investiram pesado em equipamentos como telão de LED, cenários mais sofisticados, e conceberam um super-show. Nessa fase, o Didio saiu da produção e tornou-se *roadie* da banda, e o Duds ganhou nova função na equipe, ficando mais dedicado à produção do camarim e dos meninos no palco. Hoje são ao todo 20 pessoas na produção da turnê da Restart. Com o pessoal do escritório responsável pela agenda de shows, pelo merchandising e pela loja virtual, são cerca de 30 pessoas que trabalham com a banda. "Quando fomos para o HSBC Brasil, colocamos no palco tudo o que há de bom e de melhor, analisamos a entrada e a saída de todas as músicas, finalizamos o roteiro", diz o

Maynard. O empresário também ressalta que os meninos já faziam grande parte do trabalho de palco intuitivamente. "Foi só lapidar", completa.

Começaram a chegar pedidos de shows de todo o Brasil, e os meninos viajaram para Belo Horizonte, Curitiba, Porto Alegre. Na capital gaúcha, a Restart contabilizou mais um recorde para a sua história: a procura de ingressos excedeu tanto as expectativas do contratante que ele precisou mudar o show de lugar — do Opinião Bar, casa que comporta mil pessoas, para o Pepsi on Stage, com capacidade para sete mil pessoas. E o show lotou. Em Curitiba, no Moinho, a banda precisou fazer duas edições do show no mesmo dia, com três mil pessoas em cada uma, outro fato histórico na cidade. São basicamente os cenários e os equipamentos do show do HSBC que a equipe de produção utiliza nos shows da turnê da banda. "Os meninos também reinvestiram quase tudo o que ganharam na compra de instrumentos melhores para aprimorar a qualidade do som", diz o Guto. "Hoje eles têm equipamentos de primeiro mundo."

No mês seguinte à estreia do Happy Rock Sunday, o *Fantástico*, da TV Globo, fez uma reportagem sobre a moda colorida das bandas de rock, e a Restart foi destaque. De superconhecidos, passaram a hiperconhecidos. Os lugares começaram a ficar pequenos para eles. No último dia de abril, estava planejado que a Restart receberia 250 fãs para uma tarde de autógrafos na Fnac da avenida Paulista, em São Paulo. A intenção era boa, mas como se controla um fenômeno? Os fãs chegaram de madrugada na porta da livraria, a fila foi crescendo ao longo do dia e quase comprometeu a circulação de carros na avenida. Temendo pela segurança dos fãs, o evento teve que ser cancelado. Em minutos, um vídeo com a reclamação de alguns fãs foi colocado no YouTube e logo virou notícia na internet. "Nós saímos em todos os meios virtuais e fomos convidados para participar de programas de comédia como o *Pânico*,

*15 Minutos*, com o Marcelo Adnet, da MTV, *CQC*, *Casseta & Planeta*", conta o Pe Lu. Desse ponto em diante, o Guto descreve bem a trajetória da banda: "Nada foi por acaso, mas luz e sorte também contam". Antes do final do ano, os meninos estamparam 35 capas de revista, foram entrevistados ou convidados em todos os principais programas de televisão, ganharam Disco de Platina, que celebra a marca de cem mil CDs vendidos, no Domingão do Faustão, deram selinhos na Hebe Camargo. Foi um grande estouro midiático, num ano em que ninguém apostava muito em nada, pois as atenções estavam voltadas para as eleições presidenciais no Brasil. O incidente na Fnac resultou também em uma nova canção da banda, dedicada especialmente para os fãs, que é um dos pontos altos do show da turnê, *Pra Você Lembrar*. Em meados do ano, foi gravado o videoclipe de *Levo Comigo*, que já teve cara de superprodução, e levou a banda a dar mais um salto. "*Levo Comigo* foi a música que mudou nossas vidas, quebrou barreiras, é uma daquelas coisas que acontecem com a gente que não dá para explicar", diz o Pe Lu.

Com shows agendados nos quatro cantos do país, para plateias cada vez maiores em festivais ao ar livre, a Restart fechou o ano com chave de ouro. Além dos prêmios VMB, receberam também o Prêmio Multishow na categoria melhor música com *Recomeçar*; foram vencedores em quatro categorias do Capricho Awards: cantor nacional — Pe Lanza —, banda nacional, música nacional — *Recomeçar* — e melhor capa da revista; ganharam o Prêmio da Música Digital na categoria revelação; e o Prêmio Jovem Brasileiro.

Em dezembro, a banda ousou novamente: lançou o *DVD Karaokê*, outra das ideias do Maynard e dos meninos que foi bem-sucedida. "É uma proposta legal, que ninguém ainda tinha feito, simples e que dá ao fã que gosta de cantar as nossas músicas um meio de... Cantar de verdade", comenta o Pe Lu. E lançou também o novo CD, *Restart by Day*, que é um projeto multimídia, com seis músicas em português, não inéditas, e seis versões, inéditas, em espanhol, acompanhadas de fotos, vídeos, *wallpapers* — e que superou a marca de 40 mil cópias vendidas em apenas dois meses.

## ABRA SUAS ASAS

A Restart foi uma das primeiras bandas a desejar um feliz ano novo para o Brasil no *Show da Virada* da TV Globo. Após um merecido descanso nos primeiros dias de 2011, os novos ares trouxeram também novos projetos para a banda. O primeiro deles foi dar continuidade à carreira internacional. Em novembro de 2010, a Restart tinha ido para Argentina e Uruguai divulgar o primeiro CD em espanhol, lançado pela gravadora Pelo Music, do empresário Pelo Aprile, um dos maiores executivos do mercado argentino e latino. Os meninos se surpreenderam com os fãs que já tinham conquistado também por lá. "Nós não fizemos show, mas foi muito legal, porque fomos à MTV, à Nickelodeon, ao Boomerang, que são canais fortíssimos nesses países", conta o Pe Lu, comentando ainda que eles deram entrevistas na rádio Disney e na Los 40 Principales, uma das mais importantes da Argentina, além de entrevistas para jornais e revistas. *Levo Comigo*, na versão em espanhol, foi destaque no comercial dos jogos de futebol muito popular no país. Em março de 2011, os canais sociais da banda na Argentina já tinham mais de 1,5 milhão de *views*.

Os meninos têm conhecimentos básicos de espanhol, porque estudaram a língua por quatro anos no colégio, mas tiveram aulas antes de visitar os dois países. "Gravar em espanhol foi incrível, porque a gente nunca podia imaginar que em dois anos e meio de banda a Restart já estaria com presença forte na Argentina", conta o Pe Lanza, lembrando que ele estava tomando banho no hotel em Buenos Aires quando ouviu tocar *Te Llevo Conmigo* na rádio, e saiu correndo no corredor, apenas de toalha, para chamar o Koba no quarto ao lado. "Veio um cara nervoso, falando que estava tentando dormir, e eu respondi, em português mesmo, que era a nossa música que estava tocando na rádio", conta.

Os meninos fizeram em março de 2011 o primeiro Happy Rock Sunday do ano, no Rio de Janeiro. A nova turnê teve planejamento e estrutura de primeiro mundo, "como os gringos fazem", compara o Koba. Já estava escalado o primeiro filme com os meninos, em fase de roteirização, com novas músicas compostas especialmente para a trilha sonora. Gravaram uma participação especial no programa *Acampamento de Férias*, série de férias protagonizada pelo Renato Aragão, o Didi, e sua filha Livian. Foi a Livian, de 11 anos, quem sugeriu ao pai o convite à banda.

No início de março, eles subiram no trio elétrico da Banda Olodum para comandar o agitado carnaval de Salvador, atendendo um convite especial dos músicos do samba-reggae. "Carnaval é para se divertir, rock combina com samba, a gente curte samba, então nos divertimos muito", diz o Pe Lanza. Eles também desfilaram no Sambódromo, em São Paulo, pela Escola de Samba Vai-Vai, que homenageou o maestro João Carlos Martins em seu samba-enredo, reunindo a improvável trinca de samba, música erudita e rock. E ajudaram a escola a levar o título de campeã para o Bixiga, bairro de origem da Vai-Vai. "O coração da gente batia na boca durante o desfile, foi superemocionante, e o resultado só nos deixou ainda mais felizes", conta o Pe Lu.

Pe Lu faz uma retrospectiva pessoal, dizendo que a banda aprendeu muito, porque eles começaram a viajar, tiveram que fazer suas coisas sozinhos, arrumar mala, acordar cedo, comer direito, pagar contas. "A gente cresceu dez anos em um", afirma. O Koba concorda, lembrando que, com 16 anos, eles assinaram contrato de cinco anos, tiveram que reconhecer firma, sair em turnê e ficar mais de um mês fora de casa. "O tempo pediu que a gente amadurecesse, mas ao mesmo tempo eu encontro meus amigos de colégio e vejo o quanto é difícil um garoto de 18 anos conseguir viver da coisa que ele mais gosta de fazer", diz o Koba.

"A gente já perdeu os pratos da bateria nos shows, roubaram a guitarra do Koba, entregamos CD e folhetos em porta de colégio, produzimos os shows da nossa própria banda, e ainda tínhamos ensaio, show, escola", diz o Thomas, lembrando do começo difícil. "Hoje são 30 pessoas na equipe, e nós somos responsáveis por essas pessoas, pelas famílias delas. Eles são nossa família da estrada, a família com quem a gente convive muito, mais até do que com nossa própria família."

Muita coisa? "A gente ainda tem muito o que mostrar para os nossos fãs, muito o que conquistar", afirma o Pe Lanza. É um desafio constante entre a oportunidade e a responsabilidade de mudar as coisas, mudar o mundo, mudar as pessoas, e "nós estamos aprendendo a viver nessa balança que oscila o tempo todo e nos deixa atentos", completa o Pe Lu. Os fãs, que são os companheiros de jornada na trajetória da Restart no cenário musical brasileiro, continuam fiéis e essenciais na vida e em momentos decisivos da banda.

Para Maynard, o futuro da música tem que ser repensado em relação ao público, e principalmente em relação aos fãs. O artista tem que ir aonde estão os seus fãs, estabelecer uma relação de cumplicidade, de participação, de companheirismo. No caso da Restart, o Pe Lu, o Koba, o Thomas e o Pe Lanza tornaram isso realidade com a comunicação sincera e direta que estabeleceram com os fãs na internet — e que foi uma continuidade natural do carinho que eles demonstraram com o público desde a C4, quando saíam dos shows na Tribe House e iam bater papo com os fãs no posto ao lado de casa.

O carinho dos fãs com a banda é o reconhecimento da dedicação e do talento dos meninos, que o Maynard valorizou desde o primeiro momento em que os viu tocar, ainda lá na Tribe House, e desde quando os encontrou pela primeira vez para conversar sobre uma eventual parceria. "Um bom artista exala o dom, e eles têm a lágrima e o talento, eles são uma banda de quatro artistas, quatro estrelas." No mundo da música, tudo depende do artista e da história que ele quer construir. O Pe Lu, o Thomas, o Koba e o Pe Lanza já provaram que são artistas de verdade, têm o dom da música e da comunicação. E estão firmes no propósito de continuar esse voo cheio de surpresas e conquistas por muitos e muitos anos.

# KOBA

# 2

No apartamento da família do Koba, houve grandes mudanças em 2010. Na sala de visitas, a harmonia entre as cores, os móveis, os objetos de decoração saltam aos olhos, tudo em tons suaves. A cozinha americana ampliou o espaço da casa, revelando o inspirado desenho dos móveis, cada coisa em seu lugar, a mesa de jantar com bancos longos, tudo é um agradável convite para a família se deixar levar em longas conversas, regadas com sucos refrescantes, as histórias do dia e muita risada. É o resultado de uma reforma recente, cujo projeto foi basicamente criado e desenvolvido pelo Koba, que também desenhou os móveis e foi responsável por toda a decoração, detalhe por detalhe.

Na família, ninguém se espanta mais com a capacidade criativa do Koba, que se manifestou desde muito cedo, como conta sua mãe, Rita. "Ele sempre foi surpreendente, com um ano já falava perfeitamente. Quando tinha três anos, ganhou um Lego, e eu logo tive que substituir as peças maiores pelas menores, mais avançadas, porque ele construía cidades inteiras, forte apache, pontes". Em casa, alguém sempre tinha de vigiá-lo, porque, se deixasse o pequeno Koba solto, ele logo aparecia com algum objeto desmontado ou acabava se machucando quando testava equipamentos e máquinas. Bastava ter parafusos ou parecer uma engenhoca para despertar a curiosidade do menino, era atração à primeira vista.

Também ainda criança, o talento para desenhar se manifestou. Já no jardim de infância, o Koba se destacava pelo traço marcante e pelo estilo próprio, sem nunca ter aprendido ou recebido orientação de ninguém. Só com oito anos foi estudar desenho, e, nos três anos em que fez aula, aprendeu muitas técnicas, inclusive de arte digital. Quando o pessoal — o Didio, produtor da banda desde o tempo da C4, o Thomas, o Pe Lu e o Duds, produtor e *roadie* da Restart — começou a produzir show, o Koba decidiu "fuçar" mesmo e aprender desenho digital, para assim produzir uns *flyers*, aqueles folhetos pra divulgar os eventos e descolar uma grana. Ele se ofereceu, cobrando R$ 50 por projetinho. Já era um trabalho moderno, diferenciado, porque o Koba já pesquisava o que estava rolando fora do Brasil, muitos trabalhos estrangeiros nas artes visuais e plásticas, conhecia artistas pop importantes como Andy Warhol. "Muita gente começou a gostar e eu fazia *flyer* pra todo mundo que produzia shows", comenta o Koba, que com a grana desse trabalho comprou, aos 14 anos, uma guitarra Crafter, que custou na época R$ 1.100,00. "Foi a primeira coisa na vida que eu comprei com meu dinheiro, à vista."

Com o que sabe sobre arte digital e desenho, Koba consegue desenhar uma pessoa, usando nanquim e pintando com aquarela. Ele é responsável pela criação da maioria do material gráfico da Restart, numa tradição que começou lá nos tempos da Morning Glory e da C4. A primeira página da Restart no MySpace foi desenhada pelo Koba, bem como a maioria das camisetas da banda e as capas dos CDs. "A gente gosta de colocar a mão em todo o material da banda, participar mesmo. Os meninos sabem que eu acabo pegando as ideias dos quatro e concretizando, sintetizando nos meus projetos, eles confiam em mim", comenta o Koba.

O primeiro logo que o Koba desenhou foi para a primeira banda que ele tentou montar, e que durou três semanas apenas, tempo suficiente pra despertar nele o interesse de começar a criar algo ligado à música. Essa banda surgiu quando, aos nove anos, Koba e sua família se mudaram para um novo prédio, e o garoto se enturmou com os vizinhos da sua idade que tocavam instrumentos — porque já arranhava o violão nessa época — e começou a colar na banda formada por um pessoal mais velho do prédio, a AG 321. Como os veteranos não abriam espaço para os meninos tocarem na banda deles, depois de um tempo o Koba e seus amigos decidiram montar uma banda só deles — a Sheep Gehring, que os meninos chamavam, de brincadeira, a banda dos renegados do prédio. A morte súbita da banda não foi nenhum desastre: além do primeiro logo, Koba aprendeu muita coisa de música com o pessoal da AG 321.

Típico multitalento, o Koba até faz parecer ser muito fácil exercitar a habilidade de criar em campos artísticos tão diferentes, que exigem conhecimentos tão específicos. Desde 2009, ele tem se dedicado com mais afinco ao cinema, depois de ter explorado a fotografia, quando ainda era criança. Seu pai, David Andreoli de Oliveira, tinha uma máquina Pentax, profissional, com lente objetiva e tudo, e o Koba aprendeu a mexer sozinho; quando criança, costumava brincar com ela, e já tirava boas fotos. Mas aí veio a filmadora, que se tornou o equipamento principal do registro das memórias da família, muito antes das máquinas digitais, e a Pentax foi emprestada para um amigo e se perdeu. O Koba diz que sempre gostou de cinema e, já na Restart, comprou uma câmera para filmar a banda. "Tudo o que a gente fazia eu registrava, mais pra guardar pra mim. Um dia resolvi postar pra galera na internet. Como o pessoal começou a curtir, resolvi aprender a editar e deixar os vídeos mais profissas", conta Koba. Assim os meninos lançaram o Restart by Day, como se fosse um reality show do que fazem no dia a dia.

Com o sucesso dos vídeos, continuou postando, e surgiu então a ideia de inserir os vídeos no segundo CD da banda, multimídia, que ganhou o nome de *Restart by Day*, e mais cinco episódios inéditos do reality show. Depois da experiência, o Koba já se atualizou comprando uma câmera de cinema mesmo, para evoluir nas filmagens da banda, e tem se dedicado a ver filmes e a estudar os cineastas que admira. "Eu faço tudo ao mesmo tempo agora, por isso sou meio doido mesmo. Tenho muitos dons, sempre gostei de arte, não consigo organizar muito as coisas quando quero fazer, também não deixo ninguém fazer pra mim, às vezes fico até de manhã trocando ideia com a minha cabeça", confessa o Koba, que prefere pôr na prática a imensidão de coisas que vai criando, por isso grava as melodias, salva os desenhos no computador, para que, quando aparecer alguma coisa em que essas inspirações se encaixem, elas sejam bem aproveitadas.

A única irmã do Koba, Ana Carolina Kobayashi de Oliveira, que é um ano e meio mais velha, lembra com muito carinho de três características muito marcantes do irmão, desde criança — a criatividade, a intensidade e o perfeccionismo. E seu pai acrescenta também a versatilidade, que sempre esteve presente na vida do filho, em todos os aspectos. "E não é um quadro convencional a percepção e a visão que ele tem, ele é mesmo vanguarda, e eu demorei pra perceber isso. É por isso que ele é metódico, e acaba trocando a noite pelo dia algumas vezes. É o estilo dele", diz. O David conta que chegou a brigar com o filho na época do colégio, quando ele ficava acordado até tarde fazendo um desenho, mas depois entendeu — e passou a respeitar — que há situações em que, à noite, a energia do Koba está pulsando a mil, e que é o momento dele.

## LINHAGEM DE SAMURAIS

Os avós paternos do Koba se conheceram na Vila Sônia, bairro da zona oeste de São Paulo, onde a família do Koba vive até hoje. O avô, Sizenando Henrique de Oliveira, era descendente de índios, da pele escura, e foi criado em Santa Catarina. A avó, Sebastiana Andreoli de Oliveira, veio do Paraná, de uma família típica de italianos, "daqueles com dez irmãos, e a família sempre se reunia nas datas festivas, os primos se juntavam. Era uma alegria", rememora David.

David é o caçula, junto da gêmea Maria; com duas irmãs mais velhas, Elisabeth e Sibele, passou a ser o único homem da família muito jovem, aos 15 anos, quando perdeu o pai. "O avô, que o Lucas nunca conheceu, era um homem religioso, muito honesto, nos ensinou valores éticos, que eu fiz questão de transmitir aos meus filhos", explica o pai do Koba, afirmando que ele herdou o saxofone que o pai tocava muito bem, de ouvido. E o Koba herdou o talento musical.

O David estudou no Colégio Guaraci Ferreira, uma escola pública profissionalizante que — na época e até hoje — tem ótima reputação em São Paulo. Foi quando começou a deixar a excessiva timidez de lado — "o Koba tem um pouco disso também, acho que puxou de mim" —, terminou o ensino médio e passou no vestibular para cursar publicidade e propaganda na Universidade Anhembi Morumbi, onde quase todo mundo do bairro da Vila Sônia ia estudar. Na primeira festa de confraternização da faculdade, o David ficou esperando a então namorada, que lhe deu o cano. De canto de olho, ele viu a japonesinha por quem já tinha ficado interessado no pátio da faculdade, que também estava esperando o namorado. "O namorado dela também não apareceu, então nós dois entramos juntos. No meio da festa apareceram uns cupons pra gente preencher e concorrer a uma viagem, e eu fui sorteado. Eu nunca peguei o prêmio, mas ganhei uma namorada nova", se orgulha o David.

A namorada era a Rita, que morava com os pais, em uma casa vizinha a um dos melhores amigos do David. Mal sabia ele que seria ali, naquela grande casa de 500 metros quadrados de terreno e 400 metros de construção, que passaria os primeiros anos da sua vida de casado com Rita, e onde seus dois filhos nasceriam e curtiriam toda a infância.

A Rita é descendente de japoneses por parte de pai, e de espanhóis por parte de mãe, outro caldo raro de influências culturais e de costumes. Seu pai, Itsuro Kobayashi, veio do Japão com 14 anos, filho de nobres japoneses, que precisaram imigrar para o Brasil por causa da Segunda Guerra Mundial. No Japão, sua linhagem ligava-se direta e simultaneamente aos poderosos imperadores e aos grandes samurais, tanto que ele preservava orgulhosamente a roupa de samurai e a espada da família, cuidadosamente guardada atrás da porta do quarto do casal, e que hoje está com o irmão mais velho da Rita, Marcos. A Rita se recorda que, quando era jovem, numa ocasião em que houve um roubo em sua casa, seu pai saiu com a espada em punho para defender a família dos ladrões, e ela, instintivamente, comentou: "Pai, você vai usar espada para se defender de arma de fogo?". Ele sequer respondeu, e continuou brandindo a espada, mas os ladrões já estavam longe.

O avô do Koba era dono de uma personalidade ímpar, um homem rígido e rigoroso, muito ligado às raízes orientais, mas também completamente adaptado à vida no Ocidente. Foi gerente de banco e tinha um lado boêmio e festeiro que surpreendia a quem o conhecia.

Foi esse lado boêmio que o levou ao baile no qual conheceu a espanhola de gênio forte que se tornaria sua esposa: Ana Montejano. Ela precisou deixar a Espanha, em consequência da Segunda Guerra Mundial. Filha de ricos fazendeiros, que tiveram suas propriedades dilapidadas pelos soldados, perdeu o pai e o marido durante o conflito. Mãe de um filho ainda bebê, decidiu apagar as lembranças de guerra tentando vida nova em outro país. Em 1954, junto com o irmão, embarcou para o Brasil, deixando seu filho aos cuidados da irmã mais velha. Assim que acertasse sua vida por aqui, ela pretendia buscá-lo. "Meu irmão Lorenzo e eu viemos de navio, a gente tinha que escolher dois destinos pra fugir, os Estados Unidos ou o Brasil, e nós decidimos vir pra cá, porque eu tentei ler um livro em inglês e não entendi nada da língua", lembra a dona Ana, avó do Koba, ainda com um sotaque espanhol bastante acentuado. O filho, por questões familiares, ela não conseguiu trazer para viver no Brasil, mas ele já esteve em São Paulo para visitar a mãe e os irmãos brasileiros em três ocasiões.

Não era apenas da fome e da falta de trabalho que a jovem Ana estava fugindo, mas também da violência dos soldados, principalmente americanos, que exploravam sexualmente as mulheres por alguns trocados, e, quando não havia o consentimento delas, partiam para o estupro sem receio de punição. Ela e o irmão aportaram no Brasil e, com a assistência do Consulado Espanhol, foram enviados para a cidade de Campinas, para trabalhar na lavoura do café. "Eu trabalhei catando café, porque não sabia fazer outra coisa. Eu e meu irmão trabalhávamos para juntar todo mês 50 dólares e mandar para nossa família na Espanha, para eles terem o que comer", conta a dona Ana. De lá, os dois voltaram para São Paulo e alugaram um quarto no bairro do Ipiranga, zona sul de São Paulo, onde o Lorenzo começou a trabalhar numa mecânica de carros, e ela foi ser empregada da esposa do dono da mecânica.

Aos sábados e domingos, havia bailes nos clubes do bairro, e quem se inscrevesse pra cantar ganhava um lanche e uma bebida — um guaraná ou uma cervejinha. "Meu irmão, que era muito festeiro, me levava junto e ia lá cantar", conta a dona Ana, que também tinha paixão pelo canto. Ela fumava na época, e naquele dia estava sem fósforos, então pediu para o irmão comprar. Foi quando se aproximou dela um homem japonês, com um isqueiro daqueles antigos, grandes, e se ofereceu para acender o cigarro. "Eu disse a ele que com aquele isqueiro dava para aquecer até uma marmita, e aceitei", explica. Foi aí que começou o namoro do Itsuro com a Ana. Quatro anos depois, em setembro de 1960, eles estavam casados. Nessa época a Ana já era costureira, profissão que aprendeu com a patroa, a mesma da mecânica, olhando-a costurar para os filhos dela. Moravam no Brás, na zona leste da cidade, num apartamento alugado e mobiliado de segunda mão, na rua Silva Telles.

Quando os três filhos já tinham nascido, Marcos, Ana Maria e Rita, o casal mudou-se para a Vila Sônia, na casa que foi construída "com muito suor e esforço". Foi lá que a Rita foi criada, e o Koba, anos mais tarde, passou a infância. Quando era criança, a mãe do Koba era meio moleca, de brincar na rua, jogar bola, montar cabana no quintal, empinar pipa. Nessa época o bairro ainda estava sendo pavimentado, então frequentemente as ruas próximas se transformavam em estacionamentos de grandes canos de esgoto, e a garotada brincava ali de esconde-esconde, "o que marcou muito a minha infância", lembra a Rita. Já a adolescência foi mais complicada, pela rigidez dos pais. O horário de chegar em casa no fim de semana era nove da noite.

A Rita começou a trabalhar aos 14 anos, numa escolinha de educação infantil no período da tarde, já que estudava de manhã. Com 18 anos, já tinha passado num teste e trabalhava no Banco Bamerindus. Do pai, ela recebeu ajuda para pagar o curso de inglês. Mas o resto a Rita tinha que conquistar com seu próprio esforço, fazia parte da disciplina oriental praticada pela família. Do banco, ela foi para o Atacadista Makro, empresa multinacional, na vaga de operadora de telemarketing, mas o inglês avançado a levou para a área internacional. Uma vez lá, ela decidiu cursar comércio exterior na FASP — Faculdades Associadas de São Paulo, para ampliar suas possibilidades de crescimento na empresa.

Mas, antes disso, cursou um ano de Publicidade e Propaganda na Anhembi Morumbi, onde conheceu o David e começou a namorá-lo. Depois de três anos de namoro, o relacionamento tumultuado com a sogra e as cunhadas, que morriam de ciúme do único homem da família, acabou provocando o rompimento entre eles. A Rita estava com o passaporte prontinho e contrato assinado para trabalhar na unidade da Makro na Espanha, quando reencontrou o David na festa de aniversário de uma amiga em comum e, no reencontro, engravidou.

Foi uma surpresa total, já que a Rita tinha sido avisada pelos médicos que seria muito difícil ela engravidar, mesmo fazendo tratamento da endometriose trômpica, doença provocada por uma anomalia do útero que pode se espalhar para outros órgãos. No caso da Rita, a gravidade da doença era tal que às vezes chegava a afetar seus pulmões, e ela cuspia sangue. "Eu nem vislumbrava ter filhos, meu objetivo era ganhar bem, viajar muito e curtir a vida." A situação foi difícil: ela estava separada do David, com tudo acertado pra viajar, e ainda precisava contar para os pais a novidade, mas ela enfrentou tudo com determinação. A Rita e o David se casaram, a família aceitou a situação, houve um arranjo para a Rita continuar no trabalho no Makro. Com o dinheiro guardado para a viagem, o casal daria entrada num apartamento para começar a vida nova. Estava tudo arranjado, não fosse o confisco das cadernetas de poupança perpetrado pelo presidente Fernando Collor de Mello e sua equipe econômica, em janeiro de 1990.

A situação estava com a tungada no dinheiro, a gravidez da Rita e a demissão repentina do David, que já trabalhava na área comercial de empresas. "Nós fomos morar com a nossa cunhada, e depois alugamos um apartamento e ela veio morar conosco", explica o David, até que eles decidiram morar com os pais da Rita. O David reconhece que "minha mãe perdeu um filho, e a dona Ana ganhou outro", porque ele e a Rita sempre estiveram muito juntos, e como a mãe dele teve dificuldade de aceitar o casamento, a relação entre eles sempre foi muito difícil. É por isso que a Ana Carolina e o Koba sempre conviveram muito mais com a família da mãe. Quando a Ana Carolina nasceu, em outubro de 1990, a Rita voltou a trabalhar no Makro depois da licença-maternidade, já planejando se dedicar para obter uma promoção, o que aconteceu um ano depois, justamente quando, outra vez, o quase impossível aconteceu: a Rita ficou grávida de novo. Dessa vez, de um menino.

## VITÓRIAS E TROPEÇOS

Se a gravidez foi tranquila, os primeiros anos de vida do Koba não foram fáceis. O parto foi normal, sem complicações: Lucas Henrique Kobayashi de Oliveira nasceu no dia 4 de abril de 1992, no Hospital Iguatemi, atual Hospital Metropolitano, em São Paulo. Nos primeiros cinco dias de vida, ele vomitava tudo o que mamava, e começava a ficar muito magrinho. A Rita levou o bebê para o Hospital Beneficência Portuguesa, que tinha mais recursos pediátricos, e obteve o diagnóstico: estenose do piloro, uma doença congênita de causa desconhecida, caracterizada pelo estreitamento da abertura (piloro) do estômago para o intestino. O caso do Koba era muito grave, e o médico sugeriu duas opções. A primeira era uma cirurgia, que trazia risco de morte. "Disseram que meu filho podia não voltar da mesa de operação, já que ele estava muito debilitado." A segunda opção era uma dilatação do piloro feita por endoscopia, seguida de um regime de superalimentação, para alargar a passagem entre o estômago e o intestino. "O médico me disse que eu teria que me dedicar 24 horas por dia ao meu filho, dando de mamar de quinze em quinze minutos, e foi o que eu fiz", conta a Rita.

A família do Koba morava agora numa casinha construída pelo pai da Rita no fundo da casa dele, onde a Rita cuidava dos dois filhos praticamente sozinha. A Carol, como a irmã do Koba é mais conhecida, que também era muito pequena, morria de ciúme dele, e esperava o irmão dormir, cobertinho na cama, pra puxar o cobertor e derrubá-lo no chão. "Foi um período complicado e estressante, o Lucas mamou no peito até perto dos três anos, quando o piloro tinha dilatado o suficiente pra entrar com alimentação normal", conta a Rita.

Mas a primeira refeição foi um desastre, arroz com caldinho de feijão, o que novamente provocou vômitos, e o Koba precisou ser internado e receber soro na veia para se recuperar. A partir de então, o pediatra receitou uma dieta alimentar rigorosa, agora seguindo os mesmos passos da diversificação da alimentação de um bebê de seis meses — maçã ralada, banana amassada, batata amassada, leite normal, Sustagen. "O processo foi muito trabalhoso, uma luta constante, ele sempre estava anêmico e com a idade óssea abaixo do normal", explica a Rita. Para fazê-lo comer, ela precisava colocar o Koba na frente da televisão, assistindo a um programa de que ele gostasse muito, fazer a maior festa e colocar a comida na boca. Às vezes uma refeição levava horas. "Meu marido estava bem empregado, e eu decidi ficar em casa naquele ano até tudo se acalmar", lembra a Rita, que voltou a trabalhar quando o Koba estava com quatro anos, na escola da irmã, onde ela podia levar os filhos e ficar por perto durante o dia. Toda essa dedicação teve reflexos na vida do Koba, principalmente no que diz respeito às garotas. "Minha mãe me ensinou a ter respeito por ela, sem ter medo, e é assim que eu gosto de me sentir em relação às garotas. Por isso eu sempre fui de me envolver com uma garota de cada vez, para curtir mesmo", ele comenta.

O Koba só se livrou do controle alimentar por volta dos 11 anos, quando seu corpo atingiu a idade óssea de sua faixa etária, uma grande vitória para ele e para a família. Mesmo com todos esses problemas, ele foi um bebê muito tranquilo, que se tornou uma criança arteira, espevitada e muito sociável. Na casa do avô Itsuro, a vida familiar era intensa, havia reunião todo domingo, "juntava todo mundo para uma feijoada ou um churrasco", conta a Carol. Para a Páscoa, os netos ficavam contando os dias, porque na casa imensa dos avós, que tinha horta grande, galinheiro e até um laguinho para patos, a brincadeira de achar os ovos de chocolate era memorável.

As meninas eram maioria na família, além disso, a Carol e as primas eram muito unidas, então o Koba precisava ser muito legal pra se enturmar. Franzino, ele não se deixava intimidar, entrava na brincadeira — e, quase sempre, levava a pior. "Se tem uma coisa que eu sei do meu irmão é que ele sempre foi muito atrapalhado, tudo acontecia com ele, eu perdi a conta de quantas vezes ele quebrou dente, dedo, cabeça", conta a Carol.

A primeira vez que ele quebrou um dente foi com dois anos, quando a prima Natália — filha do tio Marcos, que é um pouco mais velha do que a Carol, e estava sempre na casa deles — foi brincar de cabra-cega e enterrou o gorrinho na cabeça dele, cobrindo os olhos. O Koba pisou em falso e caiu de cara no chão, machucando a boca e quebrando um dente. Perto dos quatro anos, ele estava andando de motoca na escolinha, com o amigo Daniel, caiu e quebrou o nariz. Meses antes, também na escolinha, a Rita teve que acudí-lo porque ele quebrou o dedinho numa brincadeira à toa.

Na casa grande do avô Itsuro, havia bicho para todo lado, cachorro, coelho, passarinho, tartaruga, e os pintinhos coloridos que a garotada ganhava e tinha que cuidar — mas, quando cresciam muito, a Rita se encarregava de dar, pra não ficar um monte de galo no quintal. O peixe, uma vez, pulou do aquário e o pequeno e atrapalhado Koba foi ver de perto, mas, sem querer, acabou pisando no peixe e matando o bichinho.

Nem o muro do vizinho ficou imune às trapalhadas. Uma vez, jogando futebol com os amiguinhos, a bola caiu no quintal do vizinho, também japonês, que costumava penalizar a invasão de privacidade simplesmente furando as bolas. Então ele saiu correndo pra pegar a bola, subiu no muro, sem saber que tinha sido cimentado recentemente. Resultado? O Koba conseguiu derrubar o muro todo, e ainda teve que sair correndo pra fugir do avô e não levar mais um puxão de orelha.

Numa coisa a Rita e a Carol concordam sem pestanejar: na semelhança do Koba, tanto no jeito de ser como de se portar, com o avô Itsuro, que morreu quando o Koba tinha quatro anos. "Meu pai era muito inteligente, ele lia, inteirinhos, dois jornais por dia — a *Folha da Tarde* e o *Jornal da Tarde* — e sempre sabia de tudo o que estava acontecendo, consertava de torneira a carro, tocava muito bem violão", conta a Rita. A Carol se lembra de que ele era muito presente, muito animado, adorava festa, fazia a maior bagunça no Natal, mas também corrigia quando achava que algo estava errado. Era uma pessoa de um grande coração. "Meu irmão parece muito com ele, tanto nos trejeitos como no coração", confirma a Carol.

Das poucas lembranças que o Koba tem do avô, uma marcou profundamente a sua infância, o episódio do lobo Roni. A avó Ana tinha um primo que gostava muito de caçar e que, em uma das andanças pela Amazônia, acabou trazendo um lobo para o Itsuro, porque sabia que ele gostava muito de cachorros. O avô Itsuro gostava de bichos que ele — e a família — pudessem controlar, e decidiu aceitar e domesticar o lobo para viver no quintal da casa. A Carol não se lembra de ter medo do lobo, porque havia tantos bichos que parecia normal simplesmente ter chegado mais um. Só que, quando ela foi mexer na vasilha em que ficava a comida do Roni, o lobo avançou e mordeu o braço da menina. Imediatamente o avô passou a mão numa corrente e levou o lobo para o porão. "Ele se trancou com o lobo, e a gente ouvia ele batendo no lobo, arrebentando, foi cruel. Para mim parece que foram dias. Quando os dois saíram, o lobo estava manso e nunca mais avançou em ninguém. Ele era um japonês bravão", rememora o Koba. A Carol e a Rita também se lembram do episódio, e da sensação de pena. "A gente ficou com dó, porque o coitado do bicho não tinha culpa, estava seguindo o instinto", completa a Carol.

O Koba tem ainda outra forte ligação com o avô: era dele o primeiro violão que começou a tocar, com quatro anos. Um ano antes, quando o Koba já fuçava no computador da casa sozinho, a avó Ana, que até hoje chama o neto de Pirulito ou Corazón (coração em espanhol), lhe deu de presente uma guitarrinha de brinquedo. "Sentadinho no quintal, cercado de um monte de bichos, concentrado, ele tocava e cantava alto, como se estivesse mesmo fazendo música", lembra a avó, se divertindo ao imitar o neto com o violãozinho. Já com o instrumento do avô foi diferente. O Koba queria jogar bola com os meninos da rua, mas ninguém o convidava. Então ele decidiu pegar o violão pra ver se o pessoal prestava atenção nele. "Mas ninguém vinha me chamar para jogar bola, porque eu era pequenininho, mas como tinha uma galerinha mais velha que sabia tocar, eles me viram e vinham me ensinar umas coisas no violão", conta o Koba. Não demorou muito pra ele se enturmar até com o pessoal da bola e participar das artes com os amigos da rua.

Na rua de cima da casa dele, tinha uma lojinha de fogos de artifício chamada Curumin. Era lá que os meninos compravam bombinhas, escondidos dos pais, para brincar de várias formas. Ora eles desfaziam as bombinhas pra pegar a pólvora, juntar a de todo mundo e jogar na rua, para acordar a vizinhança, ora punham no limão. "Explodia limão pra tudo que é lado", diz o Koba, que certa vez viu, da janela da sala, seus amigos da vizinhança passando na rua, e decidiu assustá-los jogando bombinhas neles. Mas, atrapalhado como sempre, acabou jogando no vidro da janela, e elas voltaram pra dentro e caíram no tapete. Desesperado, com medo de queimar o tapete da mãe, pegou-as com a mão e elas acabaram explodindo perto do ouvido dele. “Fiquei uma semana surdo, com a mão inchada, e tendo que esconder da minha mãe”, ele lembra. “Eu conto histórias inéditas da minha infância para minha mãe até hoje, tem muita coisa que ela não sabe. Nada muito sério, claro, e eu acho bacana isso, ter vivido esse monte de coisa na hora certa e do jeito certo”, completa.

Para o Koba, essa foi a grande vantagem da sua infância: fazer coisas para aprender a ficar esperto. “Minha infância foi muito legal, cresci num ambiente familiar com meus avós e com meus pais na mesma casa, que era grandona, tinha quintal, brinquei muito na rua. Sempre tive muitos amigos, nunca tive dificuldade para isso. “Só tenho lembranças boas”, ele completa, comentando como acha importante, nessa fase de formação, a criança sair pra rua, brincar, acertar e errar, se virar sozinha, para aprender a dar valor à família, aos amigos, a ficar esperta na hora que pintarem os problemas na vida. “Eu queria isso pro meu filho. Hoje em dia a molecada tem acesso a tudo muito rápido, sexo, drogas, uma banda faz sucesso num dia, no dia seguinte já é outra, e parece que está todo mundo dentro de uma bolha, com excesso de informação e falta de vivência, de prática das coisas”, pondera o Koba.

## HABILIDADES EXCEPCIONAIS

Com sete anos, Koba começou o ensino fundamental na Escola João Paulo, próxima à casa da família, o que permitia à Rita acompanhar de perto a alimentação do filho, que ainda exigia muitos cuidados, e também seu desempenho. Mas a hiperatividade, associada à inteligência aguçada — ele nunca precisou de muito tempo pra pegar o conteúdo das matérias —, não parecia estar contando a favor do pequeno Koba. “Eu sentia que a escola não estava estimulando o potencial dele”, conta a Rita, que acabou se decidindo por tentar outro método de ensino, até porque nessa época ela já trabalhava com educação e estava cursando pedagogia, área na qual trabalha até hoje.

Outro fator, um acidente sofrido por Koba, acabou sendo decisivo para que ela decidisse tirar o filho daquela escola. Nos preparativos para a festa junina, foram montadas duas caixas de som enormes, com dois metros de altura cada, num dos cantos do pátio da escola. Com uma amiguinha, o Koba, curioso como sempre, se aproximou pra ver mais de perto. Os dois conseguiram escalar o "brinquedo" novo até ficar de pé em cima da caixa, que balançava e balançava. Em um certo momento a amiguinha empurrou o Koba, e ele caiu no chão, batendo fortemente a cabeça. Foram dias de observação e exames, mas milagrosamente nada de grave tinha acontecido. É como diz a Rita, "ele está aí porque tinha que estar".

Na Escola Morumbi-Sul, onde foram estudar a Carol e o Koba — que sempre estiveram nas mesmas escolas, ela um ano na frente dele —, a história foi outra. As características ímpares do Koba como aluno eram valorizadas pelos professores e estimuladas. Lá ele participava de tudo: do teatro, no qual uma vez representou São Paulo, na dramatização de um trabalho da classe (também foi todo de terno e gravata pra escola, posando de executivo); das feiras culturais, nas quais era sempre destaque, por causa da criatividade e dos desenhos. Pena que a escola era longe do novo apartamento da família, e a Rita preferiu transferir os filhos para o Colégio João XXIII, onde o Koba entrou na sexta série.

No primeiro dia de aula, sem conhecer ninguém, o Koba, meio sem jeito — "eu era meio lerdão na época, de óculos, gostava muito de estudar, e a galera não gosta de lerdão" —, ficou observando o pessoal da classe, e logo viu um dos meninos do lado falando do Guns N' Roses, usando bandana, meio estiloso. No dia seguinte, o Koba apareceu com todos os CDs da banda do Axl Rose e do Slash no seu case, e deu um jeito de o menino da bandana perceber. Ele logo colou, e já veio dizendo: "Pô, você tem todos os CDs do Guns, que legal". O menino era o Pedrinho, o Pe Lanza, que o Koba conheceu no segundo dia de aula, os dois já ficaram superamigos e muito pouco tempo depois inauguraram a tradição que os acompanhou até o final do ensino médio: a de constantemente levar bronca por cantar no meio da aula.

A Rita, que escolheu o João XXIII por indicação da orientadora pedagógica da escola, que tinha sido sua colega na faculdade, estava supersatisfeita, porque lá a direção e os professores direcionaram a hiperatividade do Koba de forma que ele pudesse desenvolver seu potencial, seja com atividades extracurriculares, seja oferecendo a ele o papel de "monitor", no qual ele ajudava os colegas, principalmente em matemática. O Koba e o Pe Lanza costumavam participar de tudo o que acontecia na escola, se inscreviam para as feiras culturais, científicas, faziam teatro — em outra peça, o Koba interpretou o seringueiro Chico Mendes, que foi um dos primeiros ativistas ambientais a defender a preservação da Amazônia.

A Fernanda Oliveiro, coordenadora pedagógica da escola, diz que o Koba sempre foi um aluno exemplar, que, apesar de ser do fundão e da turma que curtia música, era muito centrado e sempre tinha ótimos resultados nas provas. "Ele era tímido, nunca teve problema com os professores, as matérias, porque ele sempre tinha as respostas na ponta da língua", conta. Para o Koba, o colégio era muito legal, entre outras razões, porque incentivava que os professores dessem toda atenção possível a cada aluno. Da professora Beth, de matemática, ele se lembra com carinho, ela o escalava para ir às Olimpíadas de Matemática representar a escola, por causa de seu raciocínio rápido, e até lhe concedeu um privilégio especial. "Eu não conseguia decorar fórmula, mas chegava na prova, fazia do meu jeito, pelo raciocínio puro, acertava, e ela considerava válido." O professor de português e literatura, o Gilson, também marcou a vida do Koba muito positivamente. "O que eu sei escrever e o que eu conheço de literatura, devo a ele", diz.

A direção do colégio incentivava o relacionamento saudável entre os alunos e dos alunos com os professores, o clima de amizade e respeito. "Todo mundo era muito amigo, e mesmo que a gente fosse 'diferente', com os cabelos e as roupas estranhas, nunca sofremos *bullying* por isso. Quem não gostava passava reto e pronto. A gente cresceu muito junto na escola, lá era lugar de estudar, mas de se divertir também, eu sinto saudade", diz o Koba. E não é só ele, a Alana Cristina Silva Cardoso, a melhor amiga da escola, também sente falta da convivência diária com o Koba.

Quando eles se conheceram, ela achou que ele era antipático, porque só conversava com a prima dela, que ele já conhecia do outro colégio, "e não falava uma palavra comigo", diz. Mas depois ela percebeu que ele era mesmo tímido, e só se aproximava das pessoas depois de observar muito e se sentir mais seguro. Tornaram-se grandes amigos, e sempre que tem uma folguinha em Sampa o Koba e a Alana se encontram. "Ele sempre foi muito tímido e muito centrado, eu ficava até com raiva, porque ele era da turma do fundão, fazia bagunça, mas, se prestasse atenção dez minutos na aula, parecia que já sabia tudo", ela lembra, frisando que o amigo é uma pessoa simples, que nunca foi muito de balada, e, na intimidade, gosta muito de ser tratado como uma pessoa comum, e não como ídolo nacional.

Por volta dos 12 anos, o Koba já estava dominando aquilo que se tornou sua segunda paixão, o skate. Com a madeira de um patinete e rodinhas amarelas de patim, o David confeccionou ele mesmo um skate pro Koba. Ele andava na rua, treinava sozinho, e começou a competir em campeonatos que aconteciam na cidade, razão para mais algumas tomografias na acidentada ficha médica do Koba, que levou muitos tombos nos dois anos em que andava pelas pistas da cidade. O mais grave deles foi na pista do *Skate Park* do

Shopping Leste Aricanduva. "A pista era uma mistura de *street* e vertical, e eu errei o cálculo numa manobra, o skate foi, eu fiquei. Caí de cabeça", conta o Koba.

Mas isso não o impediu de receber um convite pra se tornar atleta semiprofissional do esporte, patrocinado pela Board House, marca especializada na produção de pranchas de surfe e skates. Não aceitou por quê? Fazendo uma manobra, ele rompeu os ligamentos do pé e não pôde mais competir. Mas ele não praticou só o skate, o Koba também teve seus dias de surfista, se arriscando em pegar onda em algumas viagens que fez para a praia com amigos. "Eu quebrei todas as quilhas das pranchas deles, porque eu pegava as ondas e ia até o fim da praia, eu só parava quando a prancha parava", ele conta rindo.

O Koba também teve sua fase de futebol, quando treinou com os Pequeninos do Jockey, junto com o Pe Lanza. Os dois participaram do time, inclusive, que disputou a Copa Fox Kids. O Koba era um dos zagueiros. Foi num jogo dessa copa, aliás, que a precoce carreira dele no futebol se encerrou, numa dividida de bola com um jogador do seu próprio time, o Rafael, que era um superamigo e sem querer acertou o supercílio do Koba com uma chuteira de cravo. O supercílio abriu na hora, e foi sangue pra todo lado.

No colégio, o Koba também treinava judô, chegou a ser faixa laranja. Mais uma vez, o seu desempenho foi tão bom que o treinador o convidou para ser federado, também com patrocínio, e dessa vez não foi outro acidente, mas uma restrição da religião que a família praticava que colocou fim à possibilidade de o Koba competir oficialmente como judoca.

Até a adolescência do Koba e da Carol, a família era muito religiosa, cristã. "Foi muito importante pra mim, porque eu tive uma criação voltada pra Deus. Desde pequeno eu aprendi a ter respeito por Deus, a ter valores. Já li a Bíblia quase inteira, e trago isso pra minha vida até hoje, sou muito espiritual, faço oração e peço a Deus pra iluminar o meu caminho", diz o Koba, que se sente mesmo um cara iluminado, com uma família maravilhosa, amigos e a satisfação de não ter grandes mágoas, de viver do que gosta, de realizar seus sonhos. "Acho que os próximos sonhos eu vou deixar na mão de Deus também, pra ver o que Ele vai fazer", afirma.

Como toda pessoa, por mais feliz que seja, Koba também teve seus problemas. Um deles foi superado aos 13 anos. Desde pequeno ele sempre foi muito organizado, a ponto de chamar a atenção da Rita a maneira como ele tirava a roupa, dobrava e guardava na gaveta, tudo arrumado demais, até combinando as cores. "Como mãe, você acha bonitinho, mas aquilo fugia da normalidade, porque não eram só as cores, eram as dobras, a simetria, o cadarço do tênis, os brinquedos na estante, tudo arrumado, e isso começou a torná-lo uma criança chata às vezes", conta Rita. Se as coisas não estavam do jeito que ele queria, o Koba tinha uns ataques de choro. Até aí, qual criança não faz seus escândalos de vez em quando? Mas um dia a situação ficou insustentável. Foi durante uma viagem que a família fez para a praia, e o Koba, como sempre, arrumou milimetricamente a mochila, colocando as calças embaixo, as camisetas em cima, meias de um lado e o xampu do outro. Mas o xampu vazou e, quando ele percebeu, teve um ataque incontrolável. Aí a família decidiu buscar ajuda profissional. O Koba tinha oito anos.

A Rita havia lido uma matéria sobre TOC (transtorno obsessivo compulsivo), e tinha reconhecido no comportamento do filho alguns sintomas da doença. Na reportagem, havia indicações de profissionais especializados e a Rita acabou chegando até o Instituto de Psiquiatria do Hospital das Clínicas, que pertence à faculdade de medicina da USP (Universidade de São Paulo) e é um grande centro de pesquisas. Na Pediatria do instituto, coincidentemente, os médicos estavam procurando crianças que sofressem do transtorno com as mesmas características do Koba para tratamento e, depois de uma grande bateria de testes e exames, o diagnóstico final realmente constatou TOC em grau médio. Durante cinco anos o Koba fez tratamento, com terapia e medicação, até ter alta.

## PRIMEIROS DEGRAUS

A paixão pela música foi surgindo aos poucos, meio de mansinho, mas chegou pra ficar.

Depois do violãozinho que ganhou da avó, e de começar a arranhar alguns acordes no violão do avô, o Koba aprendeu a tocar com os amigos mais velhos do bairro as músicas das bandas que eles gostavam, como o Guns N' Roses. Em casa, como o David sempre gostou de música, tinha muito vinil do Pink Floyd, Led Zeppelin, e o Koba foi tirando as músicas e melhorando nas seis cordas. "Eu escutava pra caramba o disco *The Wall*, do Pink Floyd, e uma das primeiras músicas que tirei de ouvido foi *Stairway to Heaven*, do Led, que é muito difícil, e até hoje eu toco de um jeito que ninguém toca", ele conta, afirmando que estudar música nunca foi muito a sua praia.

Quando ganhou o primeiro instrumento, uma guitarra Eagle que pediu para o tio de presente de Natal, junto ganhou uma frustração. Koba ficou decepcionado, porque achou que tocaria e o som sairia igualzinho ao Guns, direto. Só aos poucos, com treino, foi aprendendo a usar o pedal, a tocar mais a guitarra sempre autodidata, "imitando tudo o que Slash, guitarrista do Guns, fazia", diz. O Koba conta que essa fase foi importante, porque lhe deu muita agilidade nos dedos, além de prática pra tirar as músicas de ouvido. Foi com Beatles, Nirvana e Legião Urbana que ele começou a tocar guitarra mesmo, seguindo os toques que o pessoal da banda AG 321 dava pra ele nos encontros pelo prédio. Quando conheceu o Pe Lanza começou a se dedicar pra valer. "Eu sempre tive amigos muito mais velhos, por isso eu escutava sons que a galera da minha idade nem sabia que existiam, e de repente encontrei um moleque que tava na mesma pegada, gostava do Guns e também estava começando a tocar. Nós, eu e o Pe Lanza, aprendemos tudo junto nessa fase", lembra o Koba.

Nas viagens de fim de semana para o sítio dos Lanza, onde ficava a bateria que o Pedrinho ganhou dos pais, o Koba levava a guitarra com um amplificador e os dois ficavam tocando o dia inteiro, trocando descobertas. O Pe Lanza foi o primeiro parceiro musical do Koba e essa parceria que logo virou amizade foi a responsável pelo primeiro estalo de que, um dia, eles podiam ter uma banda. Pouco depois, os dois conheceram e logo ficaram amigos do Thomas, e o sítio começou a receber três aspirantes a músicos no fim de semana. Foi também nessa época que todo mundo começou a levar o violão pro colégio, para tocar na hora do intervalo no pátio, ensinar música um pro outro, com a galera em volta.

Em casa, para aprender a tocar bateria — sem ter uma bateria para tocar —, o Koba teve várias fases. A primeira foi com as panelas da mãe, que ele arrumava na porta aberta do forno e no chão imitando uma bateria de verdade, e com as baquetas importadas que a avó Ana trouxe da Alemanha, a pedido do neto, ensaiava horas a fio. Depois, ele descobriu que as vasilhas de plástico davam um som muito melhor, e aí foi a vez de a Rita ter que renovar o estoque de *tupperware* da cozinha, já que as antigas vasilhas estavam praticamente imprestáveis. Melhor mesmo foi quando o Koba descobriu que as almofadas do sofá da sala, se colocadas de um determinado jeito sobre o couro, emitiam um som ainda mais parecido com o da bateria. "Não dá para dizer que nós quatro da banda somos multi-instrumentistas, mas com certeza a gente sabe tocar vários instrumentos, porque fazendo vários testes a gente foi descobrindo com qual instrumento a gente tinha mais afinidade", ele comenta.

Quando estava na oitava série, mesmo não gostando de estudar música, o Koba foi cursar guitarra popular na Universidade Livre de Música com o Pe Lu. A escola era rígida, os professores eram todos maestros muito competentes. "Tudo o que eu sei de teoria e linguagem musical, aprendi lá", conta o Koba, lembrando que eles dois eram os pivetes da classe, e os outros alunos pareciam ter mais de 30, até 40 anos. Nas aulas de música, a história era um pouco diferente da que ele vivia no colégio, pois, no conservatório, o Koba tinha boas notas nos trabalhos, mas nas provas não. Ele achava o sistema meio militar, havia provas de ditado rítmico, ditado melódico, e uma única chance pra acertar tudo. História da música era uma das disciplinas de que ele mais gostava. "Foi importante, mas ainda acho que estudar tira a minha criatividade", afirma. Pode até parecer, mas vida de músico não é fácil. Koba já estava desconfiando disso, mas, logo em um de seus primeiros shows, sentiu isso na pele de uma maneira dura. Depois de todo o esforço para comprar uma segunda guitarra, o Koba foi tocar na Outs, uma casa de show que ficava na rua Augusta, junto com a Shine. A banda era formada por alguns amigos dele, e, quando o guitarrista ficou doente, o Koba foi convidado para tocar no lugar dele. No final do show, enquanto o pessoal estava desmontando os equipamentos, simplesmente roubaram sua guitarra, comprada havia duas semanas. Aí, para ensaiar, o jeito foi pedir emprestado. Thomas tinha uma Ibanez, meia laranja, que estava toda estragada, e o Koba consertou, arrumou todas as madeiras, e tocou um tempão com ela. Depois disso, pegou emprestado a guitarra do Didio, que era uma Squire preta, uma submarca da famosa Fender, importada, com braço natural e dois captadores duplos — normalmente as guitarras têm só captadores simples. Foi só na Restart que o Koba comprou uma guitarra SE, linha chinesa da PRS, que na época custava R$ 3 mil, e "era o que dava pra comprar, mas já era muito bacana". Em 2010, finalmente ele conquistou a guitarra dos seus sonhos, uma PRS original, que é a que ele toca nos shows, e custou cerca de sete vezes mais do que a anterior.

Foi num show, mas da Morning Glory, que o Koba sacou que queria fazer música. "Não sei se eu sempre quis ser músico, mas eu sempre tive a música dentro de mim, e foi só sendo músico que descobri que era isso que eu queria ser". Para ele, o show continua sendo a melhor parte de tudo o que tem acontecido com a banda, porque o sonho de todo artista é o show, tudo que ele faz, a mídia, as capas de revista, os programas, é pra ter o show, é no show que o Koba consegue sentir com mais intensidade a energia e o carinho das fãs.

"A gente tem uma ligação entre banda e público, no palco, 100% hoje, e essa troca de energia é muito real com a gente, quando a galera começa a cantar, a gente chora, eu arrepio, e a gente ainda fica nervoso antes de todo show, se emociona muito", confessa o Koba. É por isso que, para ele, o relacionamento com as fãs é sempre emocionante, cada vez, em cada cidade, em cada encontro, é uma emoção nova. "Todas as situações com as fãs são memoráveis, porque a gente nunca sabe o que esperar", ele afirma.

Quando não está na estrada ou trabalhando com a Restart, o Koba gosta mesmo é de ficar em casa, curtindo a família, e tenta fazer o máximo de coisas "normais", como sair ou reunir os amigos, passear, comer. Ele sente que todos os quatro da banda precisaram amadurecer muito rápido, porque tiveram que assinar contrato com 16 anos, aprender a reconhecer firma, se preparar para a turnê, assumir com responsabilidade a carreira, "mas a gente tem 18 anos, e também quer curtir, fazer o que a galera da nossa idade faz", embora nem sempre seja possível, por causa da fama. Esse é o lado mais complicado da história, mas faz parte, tem que saber lidar com isso também. Esse é um dos motivos, além da rotina das viagens, pelos quais o Koba não tem se preocupado em namorar sério. "Eu sou muito sensível, sinto falta, mas como não sou muito de ficar, prefiro investir em alguém, e a gente não tem tido esse tempo, então não rola."

Uma das coisas que mais dá prazer para o Koba é tocar violão. Ele fica horas dedilhando, pode passar a noite tocando sem nem perceber, é um apaixonado pelo instrumento. Ele costuma gravar o que toca nessas horas, sem grandes pretensões, pra depois ouvir e eventualmente usar na hora de compor para a banda. "Na verdade, eu ligo a música muito à emoção. A música pra mim é como um tipo de perfume, que você sente e se lembra de uma época da sua vida... Eu sou assim com música, ela me transporta para outros momentos, me faz lembrar de paixões, de situações bacanas, ela me traz as sensações de volta, e eu acho isso sensacional."

O Koba, no fundo, é um grande romântico. É supertranquilo, desapegado de dinheiro — deixa com a mãe a administração da sua conta bancária e do apartamento que comprou para investir (ele se define como muito "gastão", quando sai gosta de pagar tudo para os amigos). "Dinheiro é bom, mas como consequência, viver pelo dinheiro não vale a pena", diz. Além disso, para o Koba, a Restart ainda está nos primeiros degraus da grande escada, cujo topo é o sonho desses quatro meninos paulistanos. Apesar de todas as conquistas de 2010, ele acredita que a banda ainda tem muita coisa pra fazer. "Ainda estamos no começo", avisa.

PE LANZA

# 3

Do lado de fora do prédio, o final de tarde era igual ao de qualquer outro do verão paulistano. Depois de um dia quente, úmido, abafado, uma tempestade se anunciava para qualquer momento. Mas, pelo menos no interior de um dos apartamentos, a rotina estava sendo alterada. Começava a escurecer quando finalmente Pe Lanza entrou em casa, depois de mais um fim de semana da turnê da Restart pelo Brasil. Tudo o que ele queria era dar um abraço em todo mundo, deixar a mala no quarto e curtir o jantar com a família. No amplo apartamento, durante a maior parte da refeição, o som dos pratos e talheres na mesa da cozinha embalou a conversa, as novidades sendo colocadas em dia. Na hora da sobremesa, quando as primeiras gotas do que se tornaria um temporal começaram a cair lá fora, Pe Lanza pegou seu violão e, de mansinho, começou a dedilhar algumas notas.

Como as gotas que viraram chuva, as notas transformaram-se em músicas de algumas das suas bandas favoritas

— e também do seu pai, Mauro Santos dos Reis. Juntos, pai e filho começaram a cantar. O repertório familiar passou por Oasis, McFly, Cazuza, All Time Low. Para se sobressair em relação ao temporal, a cada canção o som do violão se tornava mais potente, as vozes também, ganhando corpo na acústica privilegiada da cozinha. Quando soou o primeiro acorde de *I Will be There*, do Jackson 5, o apartamento todo era só música, ricocheteando em cada canto dos cômodos. Os acordes e a voz carregada de emoção do Pe Lanza abafavam completamente o som da tempestade. Fazia tempo que a família não tinha um show particular tão marcante do vocalista e baixista da Restart, ainda mais com a participação especial de seu pai.

Naquela terça-feira, dia 8 de janeiro de 2011, o Pe Lanza tinha boas razões para estar inspirado. Além da alegria de estar com a família, praticamente uma raridade desde que a banda estourou, o Pe Lanza ainda estava embalado pelo sucesso do show de fim de semana em Salvador, quando a Restart abriu a última noite do Festival de Verão 2011, e ele arrancou aplausos da plateia com a surpresa que preparou para o público baiano naquela noite.

Fã confesso de Michael Jackson ("ele é um dos únicos artistas que eu ouço e sinto vontade de chorar. Ele consegue passar essa emoção tão verdadeira"), o Pe Lanza fez a habitual homenagem ao grande astro pop. Mas, naquele dia, a fez de maneira diferente: ele estava vestido com uma camiseta da Banda Olodum, o mais internacional grupo de samba-reggae do Brasil. Mas não era qualquer camiseta, e sim uma igualzinha à que Michael Jackson usou no clipe da música *They Don't Really Care About Us*, que gravou em Salvador, no Pelourinho, e nas favelas do Rio de Janeiro, com participação especial da Banda Olodum. A plateia toda veio abaixo, começou a gritar, em delírio. "Foi muito legal, porque o Olodum, com aquele batuque e aquela emoção toda, representa muito bem a nossa cultura, aqui e fora do Brasil", explica. A surpresa deu tão certo que a homenagem da Restart para o Olodum virou manchete na internet e nos principais jornais no dia seguinte, e a banda foi convidada para se apresentar — e se apresentou — com o Olodum no carnaval de Salvador de 2011.

A admiração do Pe Lanza por Michael Jackson teve um empurrão especial da tia Sônia Lanza, tão fascinada pelo artista que está sempre usando camisetas com referências a ele. Foi ela quem deu a Pe Lanza, muito antes de ele sequer pensar em ter uma banda, as primeiras camisetas com imagens de Michael Jackson que estão em seu guarda-roupa. Durante a turnê de 2010, o Pe Lanza sugeriu que a Restart fizesse uma homenagem ao Michael Jackson. Os moleques toparam e criaram uma encenação especial, na qual o Pe Lanza faz os famosos passos do *moonwalk*, usando chapéu e colete preto de paetês. "Foi acontecendo aos poucos, primeiro eu aprendi os passos e comprei o chapéu, o Thomas tinha umas improvisações na batera, o Koba tocava um *riff* irado na guitarra. A gente foi juntando tudo, o Pe Lu e eu aprimoramos a coreografia, e teve um trabalho de luz incrível. É um dos momentos do show nos quais eu vejo os pais levantando das cadeiras, dançando, curtindo mesmo", conta o Pe Lanza. Em Salvador, a plateia também enlouqueceu.

Pois foi ainda emocionado com o show no Festival de Verão, sentindo-se "feliz mesmo", que o Pe Lanza chegou em casa naquela terça-feira e se inspirou para pegar o violão e cantar com o pai.

## DOR E AR

Na casa do Pe Lanza, ninguém nunca havia tocado qualquer instrumento musical. Mesmo assim, sempre havia música na casa. Seu pai sempre foi admirador de rock, escutava Black Sabbath, Led Zeppelin, Rolling Stones, Eric Clapton, David Bowie, e curtia Cazuza, Barão Vermelho, Capital Inicial, o rock brasileiro dos anos 80. "Eu ia até a rua Santa Ifigênia, no centro, olhava naquelas lojas de eletrônicos o que podia melhorar o som, porque na época a gente ouvia vinil e os nossos aparelhos não tinham muita qualidade", conta Mauro, que sempre gostou de cantar, apesar de ter uma voz meio estranha, gutural. O que o Mauro não conta, mas o Pe Lanza revelou, é que ele chegou a juntar uns amigos e montou uma banda, antes de completar 20 anos. "Meu pai não fala muito disso, mas eu acho que ele deve ver o sonho dele realizado em mim. Eu comecei a me identificar com o lance da música por causa dele", afirma.

O Mauro, que tem uma consultoria de softwares para gestão empresarial, nasceu, se criou e sempre morou nos bairros do Morumbi e da Vila Sônia, zona sul de São Paulo. Seu pai, José dos Reis, português, é comerciante e teve padaria por décadas, na qual sua esposa Dora Carvalhaes dos Reis, de origem espanhola, também ajudava, além de cuidar da casa. Hoje o casal administra um bar próximo à casa do filho, mas a vida agitada do comércio nunca lhes permitiu estar muito presentes nos eventos da família. O Mauro ajudou no balcão da padaria até entrar para o exército, aos 18 anos, e seguir carreira militar. "Sou grato ao exército, porque praticamente aprendi a minha profissão lá, a última unidade na qual servi foi no antigo Centro de Informática do Exército, responsável por processamento de dados", ele explica.

Foi quando o Mauro trabalhava na Prodesp — Companhia de Processamento de Dados de São Paulo — que ele conheceu Leni Lanza, sua colega de trabalho. Nessa época, ela estava separada do primeiro marido havia um ano, e já cuidava sozinha dos dois filhos, Marco e Michelle. A Leni e o Mauro trabalhavam em horários diferentes, mas costumavam se cruzar quando faziam horas extras. Foi o suficiente para mostrar que os dois tinham muito em comum. Depois de dez meses de namoro, eles se casaram.

Leni é paulistana, nascida no bairro do Ipiranga, na zona sul. Suas duas irmãs mais velhas, Elza e Sônia, são paranaenses, a família é de Maringá, onde seu pai, Armelindo Lanza, descendente de italianos, vive atualmente. Falando nisso, o avô Armelindo é a pessoa da família que mais teve contato com o mundo artístico, porque foi, durante anos, motorista da TV Globo em São Paulo. Inclusive, quando a equipe do *Fantástico* foi gravar na casa do Pe Lanza a entrevista para a matéria sobre happy rock e a moda colorida das bandas brasileiras, exibida em abril de 2010, um dos repórteres ligou os sobrenomes e perguntou se havia parentesco entre o Pe Lanza e o seu Armelindo, que o jornalista tinha conhecido na sua temporada na TV Globo da capital paulista.

Mauro e Leni estavam casados havia dois anos quando decidiram ter um filho. Mauro tinha assumido completamente a família da Leni, e já se considerava pai do Marco e da Michelle. Os dois sabiam que seria uma gravidez de risco, uma vez que Leni ainda estava em tratamento para eliminar um mioma no útero. "Mas decidimos ir em frente e, mesmo com a possibilidade de perder o útero, engravidei", lembra Leni. Na passagem do terceiro para o quarto mês, a Leni teve um sangramento muito forte, e o médico que acompanhava a gravidez pediu para ela se preparar quando fizesse o exame de ultrassom, pois havia uma grande chance de ela ter perdido o bebê. Mas, na hora do exame, estava lá o bebê, atravessado na barriga da mãe. "Danadinho, o Pedro quis ficar lá mesmo", ela comenta com um indisfarçável sorriso no rosto.

O parto foi normal, e adiantou dois dias. A Leni trabalhou até uma semana antes da data prevista para o parto, que seria cesariana, dia 16 de abril. Mas na noite do dia 13 de abril, quando estava fazendo compras no supermercado para deixar a casa abastecida para os próximos dias em que ficaria no hospital, Leni sentiu-se mal e foi para o hospital. No dia seguinte, 14 de abril de 1992, nasceu, no Hospital São Luiz, Pedro Gabriel Lanza Reis, pesando 3,2 quilos. Era um bebê tranquilo, sossegado, dormia muito. Pedro logo engordou e se tornou um bebezão.

Mas, quando tinha dez meses, a família foi vítima de uma tragédia. A festa de Natal daquele ano de 1992 foi na casa do Mauro e da Leni, reunindo toda a família, que se preparava para descer para uma temporada de férias em Caraguatatuba, litoral norte do Estado, onde a irmã da Leni tinha acabado de construir uma casa. Era a primeira viagem do bebê Pedro, e a Leni não queria que ele pegasse estrada sem ser batizado. Assim, no dia 27 de dezembro, a tia Sônia e seu então marido Bernardo batizaram o sobrinho numa cerimônia simples na Igreja Nossa Senhora das Graças. No dia 31 de dezembro, rumaram todos para celebrar a passagem de ano no litoral. Durante o mês de janeiro, nos dias de semana as crianças ficavam sob os cuidados das irmãs da Leni, que voltava para São Paulo com o Mauro para trabalhar. Mas, a partir do dia 17 de janeiro, a Leni conseguiu tirar férias para ficar com a família até o dia 25, dia do aniversário da cidade de São Paulo, quando todos voltariam para casa.

No dia 24 de janeiro, o Marco, que estava com doze anos, saiu com o primo Fabio para passear na praia e tomar sorvete, como fazia todas as tardes. Quando eles estavam voltando para casa, o farol fechou, o Fabio atravessou a rua e o Marco ficou no acostamento, esperando um carro passar, mas foi atropelado. O acidente foi muito grave, o Marco sofreu politraumatismo craniano, teve o pulmão perfurado e não resistiu. "Só quem já passou por isso sabe o que é, não tem dor igual. Eu não queria chegar perto da Michelle e do Pedro, não queria gostar de mais nada nem de ninguém, foi muito difícil", conta a Leni. Quando ela estava grávida do Pedro, não quis saber o sexo do bebê, e todo mundo achava que seria uma menina, que já tinha até nome, Gabriela Maria. Os únicos que achavam que seria menino eram a Leni e o Marco, que ficou com os olhinhos brilhando quando foi visitar o irmão Pedrinho no hospital quando ele nasceu.

"Eu perdi a minha mãe muito jovem, quando o Marco tinha nove meses de idade, eu tinha 17 anos, tive que crescer muito rápido, e achei que nunca sentiria dor maior, mas me enganei. Eu sinto saudade até do que não vivi com ele", diz a Leni. A família enfrentou a tristeza como foi possível: a Michelle, que tinha oito anos e era muito próxima do irmão, teve acompanhamento psicológico, e até hoje na data do aniversário do Marco, dia 25 de setembro, e nas festas da família, as lembranças de todos ficam mais intensas. "Hoje em dia eu gosto de falar dele, ele faz parte de mim. É uma saudade boa", afirma a Leni. Para o Pe Lanza, a lembrança se fez com as histórias que a mãe, a irmã e o pai contaram, porque ele era muito bebê quando perdeu o irmão. "A lei da vida é um filho enterrar a mãe, e não a mãe enterrar um filho tão novinho como aconteceu, não é?", pergunta o Pe Lanza.

Ele não se lembra do irmão ou do acidente, mas lembra-se de que, desde pequeno, encontrava a mãe no quarto, triste, chorando, olhando as coisas do irmão, fotos. "Não dá pra imaginar uma criança cuidar da mãe, mas eu tinha que estar lá junto, sabendo ou não", conta. O Pe Lanza diz que não tinha muita consciência do que estava acontecendo, mas sabia que ela estava sofrendo, então ficava do lado dela e dizia: "Mãe, não fica triste. Por que você tá chorando? Me dá um abraço". Foi assim que o Pe Lanza aprendeu, desde muito cedo, que com poucas coisas "a gente pode mudar uma situação, com a mãe, com a família, na vida, um gesto muda tudo". Do irmão, o Pe Lanza herdou, mesmo sem conhecê-lo, dois amores: o Bart Simpson e o Corinthians. O Marco ganhou o apelido de Bart, do seriado de televisão *Os Simpsons*, quando numa ocasião cortou o cabelo bem curtinho, e os amigos da rua acharam que ele tinha ficado parecido com o personagem. E seu time de futebol do coração era o Corinthians, "ele era corintiano de incomodar", diz a Leni. Ela conta que o Pedro se encantou com o Bart por ele mesmo, sempre gostou do seriado. No que diz respeito ao futebol, acontece o mesmo, "porque o pai não liga para o esporte, eu sou palmeirense, como é que o menino me sai corintiano?". A Leni não sabe explicar se há uma ligação entre os irmãos para justificar as duas coincidências, mas para o Pe Lanza a coleção de bonecos dos personagens dos Simpsons que ele tem no quarto são um pedacinho do irmão que faz questão de ter junto de si.

Foi também com dez meses que o bebê Pedro apresentou um quadro de bronquite leve, que foi se agravando com o tempo. Aos dois anos, Pedro teve uma crise aguda de falta de ar, a respiração dele foi ficando muito fraquinha e, quando a família chegou ao hospital, ele já estava com as pontas dos dedos roxinhas. Foi preciso tomar injeção de adrenalina — que é receitada apenas em situações extremas. A medicação foi eficiente, mas a manifestação da doença ficou cada vez mais frequente. A Leni lembra que ela e o Mauro se revezavam para levá-lo ao hospital, e a situação ficou tão séria quando ele fez três anos que a Leni acabou aceitando a proposta de demissão voluntária da Prodesp, para ficar em casa e tomar conta do filho.

Em casa, os cuidados eram redobrados, a vassoura foi aposentada, dando lugar ao aspirador de pó, e o Vaporetto era sagrado — a cada dois dias, os sofás recebiam tratamento especial com o higienizador a vapor para deixar tudo limpo. A casa só teve carpetes e cortinas quando o Pedro foi para a escola, aos seis anos, e o médico achou melhor entrar com medicação broncodilatadora, para permitir que ele pudesse jogar bola e participar das brincadeiras normais das crianças da sua idade.

Os pais faziam tudo o que podiam para tentar curar o filho. Chegaram a apelar até para simpatias. Uma vez, o Mauro soube de um "curandeiro" japonês que diziam ser miraculoso com problemas respiratórios, e levou o filho até ele. Na casa do japonês, havia um tanque com carpas, e o tratamento consistia em drenar o sangue do peixe com uma colher de sopa e dar para a criança beber. "Eu tomei antes para sentir o gosto, era de ovo, não sei se foi isso que ajudou, mas o fato é que ele melhorou", explica, lembrando que na época foi pesquisar sobre o assunto e descobriu que algumas culturas orientais usam o sangue da carpa de maneira terapêutica.

Dos problemas de respiração, o Pe Lanza lembra bem. "Eu sofri muito por causa da bronquite, não conseguia respirar, minha segunda casa era o hospital, vivia lá fazendo inalação, tratamento. Eu comecei a fazer esporte cedo, jogava bola, e isso foi dando uma ajuda, mas não sei se vou conseguir me curar 100% da bronquite algum dia", ele comenta. A Leni, quando vê o filho no palco, cantando com aquela energia e aquela voz, não consegue acreditar no desempenho dele, depois de tantos problemas que ele teve.

Hoje em dia, com a banda, o Pe Lanza toma vários cuidados antes de entrar no palco para estar com a voz e a respiração à toda para cantar. No hotel, ele costuma tomar um banho de 40 minutos antes de sair, e já começa o aquecimento da voz no chuveiro, brincando com a água. Antes do show, ele volta a aquecer a voz por 15 minutos, e costuma tomar bastante mel também. Quando sente que a garganta está arranhando, ele faz gargarejo com água morna e limão e, quando piora, com água morna e shoyu. "É ruim pra caramba, mas cicatriza, ajuda muito. Às vezes o cansaço de muitos shows seguidos ou um resfriado prejudicam a minha voz. Se eu não me cuidasse, não iria aguentar", explica.

Mesmo com todos os problemas de respiração, o Pe Lanza foi uma criança calma, divertida e que sempre gostou muito de estar no meio de gente. Com um ano e meio, aprendeu a falar — mas falava tudo enrolado, era difícil entender. Quando brincava de carrinho, o que acontecia muito, ficava fazendo som de "bá bum" o tempo inteiro. À noite, quando o Mauro e a Leni chegavam do trabalho e estacionavam o carro, se ele estivesse por perto ficava gritando "pachá bá bum", e assim foi durante um mês inteiro, e ninguém entendia o que ele estava querendo, até que a babá dele arriscou uma explicação — ela acreditava que "bá bum" era carro, e "pachá", passear. Dito e feito, o que o pequeno Pe Lanza queria era sair para passear de carro.

A língua enrolada também provocou outro episódio engraçado comentado pela família toda até hoje. É que o tio do Pe Lanza, Dejair, tinha apelido de Dija, e o padrinho era o Bernardo. Não havia meio de o sobrinho falar o nome dos tios direito, mas, como ele sempre queria participar de tudo, nem se importava de chamá-los em alto e bom som de Dibicha e Biado, e eles acabaram ficando os tios Bicha e Biado. "É coisa de criança, mas até hoje todo mundo zoa comigo por isso", conta o Pe Lanza.

Por ter sido menino criado em apartamento, o Pe Lanza passou por todas as fases clássicas de curtir animação, de *O Rei Leão* a *Toy Story*, mas aproveitou muito bem os espaços da casa e da área de lazer do prédio para aprontar das suas. Uma vez, a Leni saiu de perto alguns minutos, e, quando voltou, a sala estava toda inundada e o filho dava voltas num triciclo de plástico, com um rodinho na mão, para secar a água — o Pedrinho tinha tirado água do chuveiro com seu baldinho e despejado na sala só para brincar de limpar a casa. Foi-se o piso da sala, o sinteco ficou todo manchado.

A história de brincar de limpar e lavar tudo começou com um episódio curioso. Quando o Pe Lanza estava com dois anos, a família mudou-se para a Vila Prudente, zona leste de São Paulo, para o mesmo prédio onde morava a irmã da Leni e madrinha do Pedro, a Sônia. Foi o único período em que eles saíram do Morumbi, mas a mudança foi necessária para que a Leni, que passava por uma fase de depressão, ficasse mais perto da família. A tia Sônia é professora de comunicação social, e, numa ocasião, examinava os trabalhos dos alunos — vídeos curtos, cujo tema era a Paisagem Urbana. O Pe Lanza, que estava por perto observando a tia trabalhar, se encantou com um vídeo no qual um gari tirava seu uniforme alaranjado e se transformava num super-herói contra a sujeira da cidade, com a trilha sonora do filme *Rocky, O Lutador*. O garoto ficou vidrado. Pedia para assistir milhares de vezes. No aniversário de três anos ele pediu, e ganhou, vassoura, rodinho, balde e até uma roupinha laranja. "Ele queria ser 'gali'", lembra a Leni ainda se divertindo com a história. Quando estouraram as bexigas na festa, aquelas que espalham papeizinhos prateados pelo chão, o aniversariante não deixou ninguém limpar, saiu correndo com a vassourinha e foi ele mesmo varrer. Foi preciso até fazer um cesto de lixo na proporção dele, para que a brincadeira ficasse completa. "Foram meses nisso, e foi com esse pequeno lixo que ele inundou a nossa sala", conta a Leni. Até hoje, laranja é a cor preferida do Pe Lanza.

Com quatro anos, vieram outras "manias". O pai tinha que comprar quase todo dia um carrinho e um Kinder Ovo para o filho, que ficava concentrado até conseguir montar a surpresa que vinha no chocolate. Outra mania do Pedro era, toda manhã, ficar esperando o pai sair do quarto, vestido de terno, e se colocar na porta da sala para impedir que ele saísse para o trabalho. Quando percebeu que não era uma estratégia eficiente, aprendeu o número do telefone do escritório do pai, e ligava o dia inteiro, "mandando-o voltar pra casa. Isso tudo sem a ajuda de ninguém. "Eu atendia, explicava a situação, desligava, ele ligava de novo, me infernizava. Eu pedia para os colegas atenderem. Até hoje não sei como ele aprendeu isso", conta o Mauro.

Não era só o Mauro que o Pe Lanza infernizava. A Michelle também costumava ser vítima das brincadeiras, mas bem sabia revidar, principalmente durante o tempo em que eles dormiam no mesmo quarto, compartilhavam a televisão, mas não o mesmo gosto por programas. "A gente brigava de boca, nunca de mão", lembra a irmã, que comenta como desde pequeno o Pe Lanza já tinha o hábito de conversar, mostrar e contar o que acontecia com ele, como faz até hoje. Na madrugada em que voltou da festa da MTV, depois de a Restart ter recebido cinco prêmios no VMB — Video Music Brasil, mesmo sendo cinco horas da matina, ele foi até o quarto da irmã mostrar os prêmios e compartilhar com ela a vitória.

## FAMÍLIA E PRAIA

Precoces, as primeiras performances musicais do Pe Lanza foram caseiras. Com três anos ele andava pela casa com uma guitarrinha de brinquedo na mão, pegava uma fralda e enrolava na cabeça, como uma bandana. Qualquer pedaço de madeira ou cabo de vassoura virava um microfone. Óculos escuros eram fundamentais. Ele ficava horas dublando as músicas que ouvia nos discos ou assistia nos vídeos musicais do pai. Mas, na época, pareciam brincadeira de criança, e nada ainda indicava o que o futuro estava reservando para o caçula da família. Até porque, aos seis anos, ele pediu para treinar em escolinha de futebol, e realmente se dedicou à bola. Ele frequentou a escolinha do Corinthians, seu time do coração, e mais tarde a escolinha Pequeninos do Jockey, com o Koba (os dois se conheceram quando estudaram na mesma classe, na sexta série do ensino fundamental do Colégio João XXIII). O Mauro, que nunca gostou de futebol, e a Leni cumpriam o papel de pais dedicados levando o filho não só aos treinos, durante a semana, mas também nos fins de semana, quando aconteciam os jogos.

Foi nessa mesma época que o Pe Lanza ganhou a cicatriz que enfeita seu queixo até hoje, mas não teve nada a ver com futebol, e sim com bicicleta. Garoto de apartamento anda de bicicleta no prédio, e foi num desses "passeios" que ele levou o maior tombo, depois de ser avisado pelo faxineiro, que estava lavando o chão, sobre a mangueira que estava estendida no meio do caminho. Moleque, foi como se nada tivesse sido dito, e na enésima vez em que ele passou com a bicicleta por cima da mangueira, derrapou e caiu — daí os pontos no queixo.

Além de traquinagens e futebol, o Pe Lanza já demonstrava habilidade em outra área: tecnologia. Em casa, por causa do trabalho do Mauro e também porque ele adora novidades da área, computador e internet precisavam ser de primeira linha. Quando o filho era criança, o Mauro o deixava brincar com o mouse no *paint brush*. Mas logo ele se mostrou mais curioso e foi aprendendo a pilotar o computador. Quando tinha sete anos, passava um tempão fuçando. Um belo dia, ele chegou para o Mauro e pediu o número do CPF dele, "ele tinha comprado um tênis Nike pela internet, sozinho, mas precisava do documento para finalizar o pedido". Em dólar, lembra o Mauro.

Depois que ganhou um notebook do pai, foi tudo ainda mais rápido — em pouco tempo ele já dominava a linguagem HTML, fazia montagens, chegou até a decifrar alguns "segredos" do Playstation2, e ganhou agradecimentos do pessoal do fórum de games que ele frequentava na internet. O melhor amigo do colégio do Pedro, Rafael, confirma que o Lanza sempre foi um pouco nerd, "toda dúvida que eu tinha de computador, de programas, eu perguntava para ele porque sabia que podia contar que ele ia me ajudar". Quando as bandas começaram a entrar na vida do Pe Lanza, e era preciso fazer divulgação dos shows e das músicas na internet, ele estava superafiado. Por isso, o Mauro nem se surpreende mais quando o filho o chama do quarto, de vez em quando, para mostrar a conversa que está rolando ao vivo entre ele e 5 mil fãs na twitcam, e cumprimenta o público on-line sem a menor cerimônia.

Juntamente com o computador, outra presença marcante na infância de Pe Lanza foi o videogame, um fiel e constante companheiro de jornada que ele compartilhava com os amigos e a irmã. Ela também adora jogar e perdeu a conta de quantas noites os dois vararam, jogando até as sete horas da manhã. A Michelle conta que, quando começaram a sair os livros e os filmes do Harry Potter, os dois se apaixonaram e compraram todos os videogames disponíveis. Um dia, decidiram ir com o jogo até o final, custasse o que custasse. Cada um jogava uma fase, nas mais difíceis, um ajudava o outro, e foi assim até pintar vontade de comer alguma coisa diferente, no meio da noite. A Michelle, que já tinha carta de motorista, pegou o carro da mãe, escondida, e os dois foram na padaria comprar salgadinhos, coxinhas, risoles. Na volta terminaram o jogo e foram dormir quando estava amanhecendo. No dia seguinte, o Pe Lanza passou tão mal, vomitou tanto que os dois precisaram contar a verdade para a Leni.

A cumplicidade dos irmãos não para por aí. O Pe Lanza adorava fazer bola de meia para jogar futebol — tanto que ninguém tinha mais meias na casa. Como sempre, ele ficava brincando com as bolinhas dentro de casa, chutando para lá e para cá. A Leni, como toda mãe que zela pela decoração da casa, não gostava muito daquilo e pedia para o filho parar. O Pe Lanza, como todo filho que quer ser jogador de futebol, não dava ouvidos e continuava criando jogadas incríveis. Pena que numa delas acertou em cheio um anjo de porcelana que ficava atrás do sofá. De castigo, o Pe Lanza foi mandado ao quarto, sem jantar e sem falar com ninguém, até o dia seguinte. Mas a irmãzinha do coração não aguentou ver o irmão nessa situação e, quando a mãe entrou no banho, foi, escondida, levar comida e coca-cola para ele.

O Pe Lanza foi o príncipe da festa de 15 anos da Michelle, mesmo com toda a diferença de idade entre os dois, oito anos. "Foi muito legal, eu muito pequeno descendo a escada de terninho acompanhando a minha irmã", conta o Pe Lanza, que na época da escola era figurinha tarimbada nos bailes de aniversário das meninas do colégio. "Ele começou a ir a bailes com 13 anos, no aniversário de uma amiga dois anos mais velha, e, com 15 anos, dançou em todas as festas da turma dele, foi uma maratona. Teve fins de semana que tinha que escolher festa", lembra a Leni.

Ainda quando criança, o irmão caçula revelou uma característica nova da sua personalidade: ser ciumento. "Nós dois estudávamos no mesmo colégio, e quando a Michelle começou a namorar, eu morria de ciúme, dava uma de dedo-duro mesmo para o meu pai quando eu a via saindo com algum menino, não a deixava em paz", conta o Pe Lanza.

Havia mais uma coisa que a Michelle e o Pe Lanza só faziam juntos — assistir a filmes de terror. Era quase um ritual. No começo do filme, cada um ficava em uma extremidade do sofá, mas no meio da exibição já estavam um em cima do outro de tanto medo. E, quando acabava o filme, os dois já tinham combinado quem dormiria no quarto do outro, porque nenhum dos dois tinha coragem de dormir sozinho.

A Michelle, que hoje é publicitária e mãe da Maria Eduarda, que nasceu em agosto de 2010, nem pestanejou na hora de escolher o padrinho da sua filha. "A gente sempre se prometeu isso, porque nossa relação é de irmão e de amigo, de intimidade e de confiança, a gente conta um com o outro. Eu entreguei a Maria Eduarda para meu irmão, porque eu sei que se alguma coisa acontecer comigo, não vai faltar amor, carinho e atenção, e do outro lado da vida eu vou ficar tranquila", diz a Michelle.

A madrinha foi a prima Cínthya, filha da tia Elza. Eram Cínthya, seu irmão Alexandre e a Alessandra, filha da tia Sônia, os primos com quem o Pe Lanza costumava brincar quando pequeno, viajar de férias e passar o réveillon em Florianópolis. O Pe Lanza adora praia, desde pequeno, quando ia para Caraguatatuba na casa da tia, e quando tem um tempo livre no meio da semana e o litoral não está muito cheio de gente, ele curte dar uma escapada para descansar. "Fico pensando como Deus criou uma coisa tão bonita, o mar, o sol, as montanhas, a areia. Quando estou muito cansado das viagens, dou um mergulho no mar e já sai toda aquela urucubaca", diz o Pe Lanza, que já pensou até em se casar na praia.

Havia muitos motivos para a família escolher a capital de Santa Catarina para o lazer, e o primeiro deles é uma memória afetiva coletiva muito especial. Na primeira viagem para Floripa, quando o Pe Lanza ia completar 11 anos, a família ficou numa pousada e se encantou com a beleza das praias, a agitação e o movimento das ruas. Naquele ano, os tios e os pais do Pe Lanza decidiram alugar um barco, desses de pescador mesmo, e assistiram à queima de fogos do meio do mar, em silêncio, só curtindo a beleza da paisagem e a sensação sempre agradável de mais um ano chegando. Todos se apaixonaram pela experiência, e o Pe Lanza pensou, ali no mar mesmo: "Isso aqui é o paraíso". Além disso, como o avô do Pe Lanza mora em Maringá, a viagem já era planejada para dar uma esticada ao Paraná e visitar o seu Armelindo.

Floripa também é sede do festival Planeta Atlântida, programa obrigatório para o Pe Lanza desde o início da adolescência. "Era a única oportunidade de eu ver artistas de que eu gostava, ia todo mundo junto, a gente aproveitava pra caramba", ele comenta. Uma das edições mais bacanas para o Lanza foi quando ele viu a banda NX Zero tocando pela primeira vez no festival, para um público de milhares de pessoas. Ele é fã da banda desde moleque, desde quando viu os caras tocando em barzinho para 400 pessoas no começo da trajetória deles. "É a banda que eu corri atrás, que eu votava na internet, como os nossos fãs fazem para a gente hoje", lembra o Pe Lanza, que hoje é amigo dos músicos da banda. Mas naqueles anos em que frequentou o festival, no meio daquele mar de gente, o que o Pe Lanza não imaginava mesmo é que, no futuro, ele estaria no palco, tocando para aquela multidão animada, como aconteceu em janeiro de 2011. "Nem eu nem ninguém da minha família, naquela época, poderia imaginar a gente tocando no Planeta Atlântida. Foi uma grande emoção", conta o Pe Lanza.

## MÚSICA E LIBERDADE

Foi quando a família comprou um sítio para curtir os fins de semana em Ibiúna, a 70 quilômetros de São Paulo, que surgiram os primeiros sinais de que a ligação do Pe Lanza com a música poderia ser mais séria do que uma simples brincadeira com os amigos. O futebol ain-da era prioridade, tanto que a primeira obra realizada na nova propriedade foi um campinho de futebol, mas nessa época, algumas coisas começaram a mudar. O Pe Lanza ganhou de presente do pai um mini-buggy, que alcançava uma velocidade de até 60 quilômetros por hora, e o carrinho consumiu a atenção do menino por meses. Ele podia ir à padaria, ao mercadinho, visitar algum vizinho. "Marcou a minha vida. Não era mais aquela bicicleta que eu já não aguentava mais pedalar pelo prédio. Foi uma sensação de liberdade mesmo", lembra o Pe Lanza. Para ele, foi uma fase muito feliz, porque todo fim de semana os tios e primos iam para lá, tinha galinheiro, pomar. E como o sítio ficava próximo de São Roque, cidade famosa pelas pistas de esqui para turista curtir, eles costumavam também ir pra lá. "Era um *relax* tão grande que na segunda eu já estava torcendo pra chegar logo a sexta-feira", brinca o Pe Lanza.

Mas a verdadeira diversão ainda nem tinha começado. Quando a Leni comprou, em 2000, o primeiro videokê da família, um dos primeiros modelos lançados, a música entrou na vida do filho de vez. Enquanto todo mundo cantava para se divertir e dar risada, o Pe Lanza jogava sério, exigia comprometimento do parceiro quando eles montavam duplas, ficava olhando as notas que apareciam na tela. "A gente estranhou, porque era só uma brincadeira, mas para ele não", comenta a Leni. O videokê despertou um interesse maior do garoto pela música, e, alguns anos depois, o Pe Lanza decidiu que queria tocar um instrumento — e escolheu a bateria.

O Mauro foi pesquisar e comprou uma da mesma marca da do Guns N' Roses, uma Mapex seminova, cor de vinho, e matriculou o filho para estudar bateria. "Foram os únicos dois meses de aula de instrumento que eu fiz na vida", conta o Pe Lanza, que acabou provocando um grande tumulto no prédio quando fazia os exercícios da aula em casa. Primeiro começaram a chegar as multas pelo barulho. Depois de muita negociação e conversa, ele teve autorização para estudar das 10h30 às 11h30 da manhã, mas não deu muito certo, os vizinhos continuavam reclamando. Seus pais decidiram levar a bateria para o sítio.

Nos fins de semana o Koba levava a guitarra dele, que tinha um amplificador pequeno, o Thomas, que entrou para a turma de amigos quando estavam na sexta série, levava o violão, eles ligavam o microfone do videokê nas caixas, e os três ficavam tocando, tirando música, experimentando os instrumentos. "Era uma diversão, em cada música um de nós tocava um dos instrumentos, aí a gente cansava e ia dar um mergulho na piscina ou jogar bola. Era uma brincadeira, só que a gente já tinha muito gosto em tocar", diz o Pe Lanza, que acabou ganhando também o primeiro baixo nessa época. Foi a Leni quem o comprou, no Mercado Livre, mas é o Mauro quem se lembra de que o filho não aguentou esperar chegar o novo instrumento, e eles foram buscar de carro. "O baixo era maior do que ele, mas nem ligou para isso, na volta para casa, ele já veio tocando umas notas no carro", conta o pai.

O Pe Lanza toca baixo, bateria, guitarra e teclado, mas só aprendeu a ler partitura e teve noção de metrônomo, que dá a marcação do andamento da música, nas aulas de bateria. Quando o Koba, o Thomas e o Pe Lanza montaram a primeira banda na qual tocaram juntos, a Morning Glory, o Pe Lanza comprou sua primeira guitarra. Inocente, a Leni perguntou se ele queria ter aulas, e o filho respondeu que já sabia tocar, tinha aprendido na internet. "Ele lia a partitura na bateria, pesquisava na internet a tablatura da guitarra e do baixo e tirava as músicas", conta a Leni. Na partitura, está a transcrição das notas da música, e na tablatura, a transcrição do posicionamento dos dedos para tocar os acordes, mas apenas para instrumentos de corda. Foi na Morning Glory que o Pe Lanza experimentou pela primeira vez a posição de baixista, já numa das últimas formações da banda, na qual o Pe Lu entrou para cantar. O Pe Lu estava um ano na frente do Koba, do Thomas e do Lanza no colégio, mas participava dos saraus matutinos que aconteciam nos intervalos da aula na escola, quando os quatro garotos da Restart já tiravam um som juntos.

Era o tempo da sétima e oitava séries, época em que a Fernanda, orientadora pedagógica da escola, percebeu uma mudança de comportamento do Pe Lanza na sala de aula. "O Pedro se saía bem nas provas, apesar de ser da turma do fundão, mas nessa época o nível de atenção dele na sala de aula diminuiu, os professores percebiam que ele tinha música na cabeça o tempo todo", ela relata, lembrando que no colegial ele já parecia estar mais à vontade com o papel da música na vida dele, sem interferir em seu desempenho escolar. "Às vezes os professores brigavam comigo porque eu batucava na carteira, cantava, mas eu nem percebia", conta o Pe Lanza. Para ele, quando tem música, tudo fica mais bacana, e até as aulas de artes, nas quais os alunos estudavam flauta doce, ele curtia. Ninguém queria tocar "flautinha", mas o Pe Lanza aprendeu rápido o instrumento e ficava brincando, tirando música e experimentando alguns sons.

No final da Morning Glory, o Pe Lanza comprou uma guitarra mais descolada, uma Condor vermelha, modelo Stratocaster, muito parecida com a que o Tom DeLonge toca na Blink-182, uma das bandas que inspiraram o quarteto da Restart. Depois, ele foi mais ousado, e comprou uma Les Paul Standard do mesmo modelo que o Slash, guitarrista do Guns, tocava. Foi quando ele realmente começou a se interessar em tocar guitarra, e apareceram as primeiras oportunidades para o Pe Lanza cantar. "A gente deu um tempo quando acabou a Morning Glory, o Koba, o Thomas, o Pe Lu e eu. Mas eu encontrei uma galera que por acaso acabou pedindo para eu cantar, e todo mundo gostou", ele conta. Uma delas veio por intermédio do Felipe, que o Pe Lanza tinha conhecido quando os dois faziam shows, o Lanza com a Morning Glory, e o Felipe com a Minduins, sua banda. O Felipe convidou o Pe Lanza pra colar numa casa onde eles fariam uma brincadeira, e eles acabaram tocando juntos algumas músicas, inclusive *Basket Case*, do Green Day. Foram os primeiros elogios que o Pe Lanza ganhou pela sua voz. O Felipe era amigo de uma galera que estava procurando um vocalista para a banda deles, a Boomerang — foi quando o Pe Lanza estreou oficialmente como vocalista. "Foi uma época legal, eu até cruzei depois na estrada com o Dudu, o Cadão e o Henrique, que formaram a banda comigo", diz o Pe Lanza.

Cantar foi a última experiência do Pe Lanza para ajudá-lo a definir o caminho que ele queria trilhar na música, mas sempre foi o seu primeiro desejo, desde os tempos em que emprestava os óculos escuros do pai para brincar de roqueiro. Os grandes ídolos dele, desde pequeno, eram os vocalistas Axl Rose, do Guns, Steven Tyler, do Aerosmith, e Bruce Dickinson, do Iron Maiden. Das bandas brasileiras, um dos vocalistas que o Pe Lanza mais admira é o Samuel Rosa, do Skank, e foi um grande susto, na festa da entrega do Prêmio Multishow — a Restart ganhou na categoria Melhor Música, com *Recomeçar* —, quando o Samuel foi dizer um alô. "Eu achei que não era comigo, e foi o Thomas que me encorajou a responder, porque eu nem conseguia falar", lembra o Pe Lanza.

A Michelle revela uma das características do perfil de vocalista que o irmão já demonstrava desde criança — a sociabilidade, porque ele sempre foi o mais pirral-hi-nho entre os primos, mas como era muito simpático e agradável, ninguém nunca queria deixá-lo de fora, até porque ele se comportava bem em qualquer ambiente. É a amiga da escola, Alana, quem revela outro atributo do Pe Lanza comum aos vocalistas: a desinibição. Além de simpático, para ela o Pe Lanza nunca teve problemas em ser popular, pelo contrário, ele estava sempre fazendo brincadeiras com todo mundo, nunca foi envergonhado, gostava de ser o centro das atenções, mas sempre de um jeito amigável, conversando com todo mundo. "Ele está vivendo o sonho dele literalmente", diz a Alana. O amigo Rafael acrescenta ainda que o Pe Lanza sempre foi muito aberto para conhecer novas pessoas, quando eles iam em festas ou churrascos, sempre queria cumprimentar, conhecer e falar com os convidados. "Ele é assim, ele gosta de ser amigo de todo mundo, é cheio das brincadeiras, quando eu o vejo no palco, eu vejo o meu amigo de sempre, só que agora ele canta para 30 mil pessoas, em vez das 300 do começo da carreira dele", afirma Rafael.

Rafael participou de outros episódios importantes da vida do Pe Lanza, e lembra um episódio divertido da época do colegial. Depois de uma prova de recuperação na qual estavam mais de dez alunos da classe, e todos foram mal, o Pedrinho convidou todo mundo para nadar na piscina do prédio dele, porque era verão e estava muito quente. "Foi todo mundo, a gente nadava e saía pra jogar bola, depois voltava, e o Pedrinho animando todo mundo. No dia seguinte, ele trouxe uma multa supercara, porque ele só podia levar um convidado pra piscina, e a gente teve que fazer vaquinha pra pagar. Nesse dia o Koba também estava junto", conta.

Foi num churrasco na casa do Rafael, em meados de 2010, que reuniu o pessoal do colégio, que o Pe Lanza enlouqueceu todo mundo com o exercício para o novo número do show que ele estava preparando com os moleques. A Alana se lembra de que ele tinha acabado de aprender o *moonwalk*, e ficava o tempo todo andando de costas, para treinar o passo do Michael Jackson, e chamando os amigos pra conferir. "Ele foi tão insistente que chegou a deixar a gente irritado; mas com eles sempre foi assim, os meninos foram buscar o que queriam. Pra gente ainda é impressionante, porque a gente torcia por eles, mas não imaginava que esse sucesso todo um dia pudesse acontecer", diz a Alana, emocionada.

O Rafael se lembra da fase em que o amigo Pedrinho era mais rechonchudo, tinha complexo de gordinho, mas nem por isso deixava de ser atencioso e carinhoso, principalmente com as garotas. "Ele nem era tão gordinho assim, tinha era um traseiro grande, as pessoas comentavam, e ele ficava incomodado." O Pe Lanza confirma a história. "Sempre fui gordinho, muito gordinho, usava óculos, porque nunca enxerguei muito bem, olhavam pra mim e achavam que eu era um verdadeiro nerd, só que eu não era, só andava com os moleques que causavam na aula", diz.

Foi muito antes de emagrecer, já no colegial, que o Pe Lanza descobriu sua verdadeira vocação na música. "Eu sempre tive a música em mim e sempre quis ser vocalista, não sei se é aquela síndrome de estar à frente da banda, mas sei que é como eu me comunico melhor com o público, com o contato direto com a galera", diz o Pe Lanza, que desde os 13 anos já queria cantar em uma banda, mas só teve oportunidade de assumir a sério o vocal na C4, a banda que os quatro tiveram antes da Restart. Na época da formação da C4, ele já tinha passado a fase do timbre de voz mais agudo e fino. "Outro dia eu vi um vídeo de quando a gente tinha a Morning Glory, que meus amigos acharam nas coisas deles e trouxeram pra mim, e hoje não há santo que faça eu alcançar aqueles agudos", conta o Pe Lanza. Com 15 anos, sua voz tinha ganhado corpo, força e personalidade, e ele já contava com a experiência de ter sido vocalista na Boomerang, ainda que por pouco tempo. Mas os meninos ainda tinham dúvidas sobre qual seria a melhor formação da banda, e chegou-se a pensar em chamar um quinto músico para cantar e tocar baixo. Como o quarteto prezava muito, desde aquele tempo, a ligação e a harmonia entre eles, o Pe Lanza se ofereceu para tocar baixo e os meninos pediram para ele cantar também, como experiência, assumindo o vocal com o Pe Lu, na formação que eles mantêm até hoje e consagrou a Restart. O Thomas lembra que, nessa fase, o Pe Lanza já cantava algumas músicas muito bem, ele tinha transformado a voz de molequinho, fininha, num vozeirão de homem, e todos concordaram que ele deveria ser o vocalista da banda junto com o Pe Lu. "O Pedrinho cantava mais o refrão, o Koba fazia algumas pontes, o Pedro Lucas começava as músicas, a gente percebeu que era o mais certo, e ficou assim na Restart", afirma.

Hoje o Pe Lanza se sente super à vontade e curte tocar baixo, que não era seu instrumento favorito — ele preferia tocar guitarra —, mas gosta ainda mais das músicas que estão no show nas quais ele não toca o instrumento, que são mais acústicas, "porque quando estou só com o microfone, eu consigo uma proximidade maior com os fãs, me identifico mais", diz. Mas ele reconhece que é bom ter o baixo para prendê-lo um pouco, senão "eu sou capaz de quebrar o palco". Na turnê, ele usa quatro baixos, em casa, guarda um muito especial, feito especialmente para ele pelo luthier Seize Tagima, criador das guitarras Tagima. O baixo tem as cores das calças que ele e os meninos usaram na capa do primeiro CD da banda: laranja, verde, rosa e azul. Esse presente, claro, não vai para a estrada, porque é um instrumento único.

Além dos quatro baixos profissionais, outra coisa que o Pe Lanza comprou com o dinheiro ganho com a Restart foi um carro. Ele ainda não tem pretensão de sair da casa dos pais, pelo menos enquanto a rotina da banda continuar tão agitada, que ele espera seja ainda por um bom tempo. "Sou muito moleque ainda, preciso da minha família ao meu lado, sou muito dependente da minha mãe, ela cozinha, passa, lava e me dá conselhos, me ajuda a colocar a cabeça no lugar", afirma. Um dos seus desejos é comprar um apartamento no bairro de Perdizes, zona oeste de São Paulo, que ele adora, para montar sua casa, aos poucos, fazer um estúdio pequeno para ter o espaço da música garantido, "mas são projetos para o futuro", assim como o casamento na praia: "Quem sabe até no Havaí, por que não?".

Para quem sempre quis ser famoso, e o amigo Rafael confirma, o Pe Lanza aceita a fama com muita tranquilidade. "Eu vivia falando para minha mãe que um dia ela me veria tocando com minha banda na televisão, na rádio, mas minha reação ao nosso sucesso foi surpreendente até para mim", diz o Pe Lanza. Para ele, mesmo considerando o fato de não ter mais privacidade, é legal ser reconhecido e até adorado às vezes, "mas o que eu faço é não pensar na fama". Ele sabe que pode ter o show lotado hoje, mas no dia seguinte ainda tem muito por fazer, para correr atrás, para batalhar. O Pe Lanza sabe que está começando a carreira agora, e ainda tem muito mais o que mostrar do trabalho da banda e dele. "Então, fama e sucesso são relativos, são apenas a consequência do nosso trabalho", afirma, lembrando-se de um dos fatos marcantes de 2011, que foi o encontro com Alex Gaskarth, vocalista do All Time Low, uma das bandas que os meninos da Restart mais curtem, e na qual se inspiraram. Eles estiveram no Brasil em janeiro de 2011.

Na lista de desejos do Pe Lanza, conhecer o Axl Rose ainda ocupa um dos primeiros lugares. Já na lista dos medos, decepcionar os fãs está no topo. "Eu tenho pavor de um dia não ser mais capaz de representar a galera no palco, de cantar para os nossos fãs o que eles esperam ouvir." Os fãs são coisa muito séria para o Pe Lanza, que considera, todos, como grandes amigos. Ele inclusive conta um episódio em que reafirmou essa maneira de ver os fãs, ainda no tempo da C4, com a Luciana, que trabalha no merchandising da banda e vai para a estrada com a equipe para montar a lojinha da Restart, para os fãs, nos shows. Luciana sempre foi fã da banda, fazia muita divulgação na internet, ia a todos os shows, mas nunca colava para falar com os meninos, "aquela coisa de timidez e respeito". Aí o Pe Lanza foi conversar com ela, trouxe para perto dos meninos, ela era tão dedicada que acabou se oferecendo para vender as camisetas nos shows, e hoje trabalha profissionalmente com a banda. Esse tipo de coisa acontecia no começo da banda, mas hoje é mais difícil, com a explosão da Restart, não dá para descer na plateia e puxar papo, mas a relação continua sendo de amizade, de proximidade. "O carinho que os fãs têm comigo é a vontade que eu tenho de continuar fazendo música", afirma.

Apesar de todo o sucesso da banda em 2010, o Pe Lanza ainda se considera um menino que gosta muito de tocar rock com os amigos, com verdade e sinceridade. Afinal, muitas das músicas da banda falam de histórias que eles viveram — há músicas compostas quando eles tinham 15 anos, menos até. Por isso, ele gosta de se lembrar do que aconteceu quando a banda foi tocar em Curitiba, bem no comecinho da Restart, "porque apesar de ser uma história triste, reafirmou para mim e para os moleques o que a gente queria fazer com a nossa música". Eles tiveram que enfrentar um ônibus lotado com o pessoal das outras bandas que também iam tocar, sem grana pra comer ou lugar para descansar — história que já ficou famosa, porque os meninos contaram para o Jô Soares quando foram entrevistados no programa dele. O que eles não contaram é que, nesse mesmo dia, viram um dos caras da outra banda, que estava no banco do lado deles durante a viagem, ter uma convulsão, por consumo de cocaína. "Sem preconceito nenhum, a gente só viu aquilo e se perguntou se era aquilo que a gente queria para a nossa vida". A resposta foi não, e os meninos escolheram quebrar com o paradigma de que vida de roqueiro tem que ser sexo, drogas e rock n' roll — "isso já teve um porquê, mas essa época já passou". Eles inventaram um novo jeito de fazer rock, o jeito deles, de fazer o rock alegre e divertido da Restart. "Acho que é por isso que chegamos aqui, porque a gente faz música com o coração, a gente se deixa levar pelas nossas emoções, somos autênticos", diz o Pe Lanza, que afirma ter, hoje, a vida que ele sempre quis ter, de verdade. Afinal, ele pergunta, "qual o problema em ser feliz e falar de amor?".

PE LU

# 4

Sob a luz das estrelas e o calor temperado pela brisa marítima da agradável noite da segunda sexta-feira de 2011, ouvia-se ao longe na Praia Ilha de Verão, em Ilha Comprida, no litoral sul de São Paulo, um coro emocionado de milhares de vozes cantando *Parabéns pra você*, acompanhando o solo do Koba, do palco, para o aniversário de 20 anos do Pe Lu. Era o dia 14 de janeiro, e a comemoração ganhou a participação especial de cerca de 30 mil privilegiados fãs, que fizeram parte desse momento marcante da vida do Pe Lu. O Thomas, o Koba, o Pe Lanza e toda a equipe de produção prepararam uma surpresa, confabulando pelos cantos do hotel e dos bastidores sobre como deixar aquela noite ainda mais especial. Decidiram que, durante o show, o telão de LED exibiria uma montagem, toda colorida, como não podia deixar de ser, para homenagear o Pe Lu. No palco, entre os amigos da banda, houve até banho de água, e o Pe Lu recebeu os parabéns dos amigos, comovido. "O Pedrinho (que é como o Pe

Lu chama o Pe Lanza desde o colégio) disse que eles até iam jogar o bolo em mim no palco, mas ficaram com dó", conta o aniversariante do dia, com um sorriso nos lábios. "Ainda bem", completa. Mas teve bolo depois, no camarim, claro.

A festa, na verdade, começou no dia anterior, na balada com os amigos, no Salinas, bar em São Paulo que promove shows de samba, axé e pagode, gêneros que o Pe Lu curte muito, e que naquele dia teve uma apresentação do grupo Pixote.

Todo mundo se divertiu muito, ou melhor, quase todo mundo. A única pessoa que não curtiu tanto assim foi a mãe do Pe Lu, Tereza Conceição Vasconcelos Convá, que tem como tradição ligar para cada um de seus três filhos no dia do aniversário exatamente à meia-noite e um minuto, para ser a primeira a dar parabéns aos filhotes. Mas a agitação da balada não permitiu que o Pe Lu ouvisse o telefone. "Fiquei frustrada, mas mesmo assim deixei a cama dele toda arrumada, como um envelope, pronta pra ele deitar, é o jeito que ele gosta", revela Tereza. Quando chegou da balada, o Pe Lu passou para dar um beijo de boa-noite nos pais, costume familiar que nem a maior das distâncias ou a agenda repleta de compromissos tem o poder de mudar — na família do Pe Lu todos sempre se cumprimentam e se despedem com beijo e abraço, sempre foi assim. Mas, de madrugada, ele recebeu um parabéns bem chinfrim da mãe, que ainda estava chateada por quebrar a tradição, e foi deitar.

No dia seguinte, a Tereza não aguentou e foi dar um abraço de verdade no filho, assim que ele acordou. "Eu disse pra ele que tinha ficado chateada, e sei que ele também ficou, mas o Pedro Lucas nunca fica bravo com nada, ele é muito doce pra isso, desde pequeno sempre reagiu assim. No máximo, fica magoado nessas situações", comenta. Na família, quando há situações de conflito ou complicadas, o Pe Lu já sabe: se a mãe o chama de "Pedro Lucas" ou o pai, Cesar Assolant Munhoz, avisa que eles precisam ter uma conversa, é hora de sentar e resolver.

"O que você dá para um filho tão querido, que já conquistou tanta coisa na vida com apenas 20 anos?", se perguntou a Tereza nos dias que antecederam o aniversário. Ela pensou em um quadro de fotos, já que álbum de fotos ela já tinha dado, com lembranças incríveis do Pe Lu e da família que ela selecionou com carinho, uma a uma, e mandou para um profissional finalizar. Mas quem acabou dando um quadro de fotos de presente foi o Duds, com alguns dos momentos mais marcantes da amizade que os liga há muitos anos. Então, ela se decidiu por mais um presente afetivo: dar novas cortinas para o quarto do Pe Lu, para deixá-lo ainda mais aconchegante.

O sobrado da família, simples, amplo e muito confortável, passou por uma reforma recentemente, que chegou até o quarto do Pe Lu, provocando um rearranjo dos móveis. Na escrivaninha ainda estão enfileirados, com capricho, os vários prêmios que a banda conquistou em 2010, do *Multishow*, da *MTV*, da *Capricho*, entre outros. Na parede do quarto estão os discos de Ouro e de Platina. Nas estantes, os livros que o acompanharam na adolescência, a coleção completa do Harry Potter, alguns romances do José Saramago, e *On the Road*, do Jack Kerouac, que a Tereza só deixou o filho ler depois dos 15 anos. "Eu sempre gostei de ler de tudo, até coisa mais bobinha como os livros das séries *Crepúsculo* e *Gossip Girl*", diz o Pe Lu. Ao lado da coleção de livros, estão os DVDs que começou a selecionar recentemente — além de gostar muito de cinema, para o Pe Lu os filmes são uma boa pedida para os dias de estrada. E mesmo que o Pe Lu agora passe muito menos tempo com a família, ainda faltava aquele toque da mãe pra finalizar o quarto, que sempre será dele. A cortina foi um verdadeiro presente de mãe, que veio acompanhado de um almoço em família dos mais animados, e só terminou porque estava na hora de encontrar os moleques e a equipe para mais um fim de semana de shows.

## AS VOLTAS QUE A VIDA DÁ

O Pe Lu está acostumado a desbravar o mundo. Dezenove anos e 362 dias antes do Salinas e de Ilha Comprida, ele já estava sentadinho em um restaurante com a família curtindo a sua primeira "saída". "Quando saímos da maternidade, eu estava doida pra comer um lanche do Jotas, que ficava no centro de São Paulo e na época era um restaurante frequentado por artistas, gente do teatro e da música, ficava numa região onde havia muitos teatros bons. O Pedro Lucas foi junto, e ficou lá com a gente em seu moisés", conta a Tereza.

O mundo da arte foi uma escolha — bem precoce — para os pais do Pe Lu, e uma constante na vida deles e dos filhos. É uma história que começa muito antes do primeiro compromisso social do Pe Lu, e muito longe do centro de São Paulo.

A Tereza nasceu em Catu, cidade baiana que não chegou a conhecer, porque seu pai, Clarindo Barbosa Convá, filho de pai chinês e mãe índia, que trabalhava na Petrobras, foi transferido para Salvador e a família se mudou para lá quando ela era ainda um bebê. Sua mãe, Edna Vasconcelos Convá, filha de um produtor de cacau de Alagoinhas com ascendência espanhola, holandesa e portuguesa, era professora de piano e começou a dar aulas na capital baiana para complementar o orçamento familiar. Mas, não muito depois da mudança, os pais da Tereza se separaram. Quem acabou cuidando das duas, da Tereza e de sua mãe, foram os avós paternos, com quem a Tereza mais conviveu, além da tia Janete Chang Convá, que era sua "ídola" na época, porque era meio hippie, tocava guitarra e levava a pequena Tereza ao cinema, ao circo, ao carnaval — naquela época mulher não podia sair para namorar sozinha, então a sobrinha ia a todos esses lugares acompanhando a tia. A essa altura, a Tereza já tinha se tornado uma cinéfila de mão cheia, prazer que agora está compartilhando com o filho.

Sob os protestos da mãe, que preferia que a filha estudasse piano, Tereza decidiu ser atriz. Ela via a tia nas novelas da TV Globo — a atriz Yoná Magalhães — e se apaixonou também pelo gênero.

Com 11 anos, ela passou nos rigorosos testes para integrar o elenco da montagem de *Macbeth*, de William Shakespeare, e com 14 anos estreou profissionalmente no teatro. Ganhou a carteira de atriz e o nariz torcido da maior parte da família, porque ainda havia muito preconceito na época em relação à profissão.

Pouco tempo depois, após uma temporada no Rio de Janeiro, a Tereza e sua mãe se mudaram para São Paulo, convidadas por uma tia de Tereza — ela logo se sentiu em casa na cidade. Na companhia da prima, Wilma Dornelas, conheceu gente de teatro e de cultura, e também Carlos Ávila, seu primeiro marido, pai das irmãs mais velhas do Pe Lu, a Ana Genai Convá de Ávila, que nasceu dois meses depois de a Tereza ter perdido a mãe, e a Naira Convá de Ávila. Quem "adotou" a Tereza e ajudou a criar a família foram os sogros, a Zulma e o Osvaldo Ávila, que também é ator.

Três décadas antes de a Tereza migrar para São Paulo, no bairro do Brás, ja vivia por aqui a dona Neyde Assolant, filha de alemães por parte de mãe, e de franceses por parte de pai.

Dona Neyde é a avó paterna do Pe Lu e tem boas lembranças da juventude, regada a muita música. Na casa dela, dança e música eram uma constante. "Na minha família, todos tocavam instrumentos. Eu tocava afoxé, meus irmãos tocavam piano, saxofone", rememora a dona Neyde, que precisou aprender espanhol para conviver com a família do seu marido, Pedro Munhoz Laço. O avô Pedro, do Pe Lu, era filho de espanhóis, e a família dele era daquele tipo ainda meio marruda, que em casa só fala espanhol, e quem quisesse conversar com eles tinha que aprender a língua. Talvez por essa falta de comunicação tão ostensiva, o Cesar, filho caçula do casal, tenha preferido ir para o caminho oposto e seja um especialista na arte de conversar, talento que transferiu naturalmente ao Pe Lu, desde que ele era muito pequeno.

O Cesar conta que seu pai era o conselheiro da família, o provedor, trabalhou 30 anos na área comercial de uma empresa, uma pessoa muito séria e rigorosa, "mas que não nos reprimiu quando meu irmão Douglas e eu fomos fazer teatro, embora a gente nunca tenha recebido dele um elogio". O Cesar saiu de casa aos 15 anos, e um ano depois estreava no teatro profissional, na peça *Com Panos e Lendas*, dirigida por Wladimir Capela e Zé Geraldo Rocha, muito conhecidos no mundo do teatro.

O campo artístico principal do Cesar sempre foi a música. Ele começou a estudar violão com cinco anos. Formalmente, os estudos começaram aos 15 anos, com João da Silva Sobrinho, o Joãozinho Bossa Nova, que acompanhava o exigente João Gilberto quando o músico se apresentava em São Paulo. Com ele, o Cesar aprendeu disciplina de leitura, postura, sonoridade. Mas o desejo do Cesar era estudar música, sonho que ele realizou cursando música na Fundação das Artes de São Caetano. Foi a música que levou o Cesar para o mundo do teatro, como arranjador e diretor musical. Na década de 1980, ele participou de projetos musicais e teatrais, como a trilogia do Ziraldo — *Menino Maluquinho*, *Menino Mais Bonito do Mundo* e *O Pequeno Planeta Perdido*, para o qual também fez composição — e o infantil *Bambalalão* — um dos maiores sucessos da TV Cultura que marcou gerações de crianças e adolescentes brasileiros. Foi músico da peça *Ah! Mérica*, com o ator Raul Cortez, e diretor musical do espetáculo *Um Certo Olhar*, com o diretor José Possi Neto. É como o Pe Lu diz, "para meu pai, não tem vida sem música, ele tem uma intimidade, uma afinidade com o instrumento que é impressionante, algo que eu nunca consegui ter".

Por esse tempo, não era só a carreira musical que deslanchava à toda na vida do Cesar, sua vida amorosa também estava muito bem. A precocidade na arte e na vida foi uma afinidade que logo aproximou Tereza de Cesar. Quando eles se conheceram, ela tinha 26 anos e estava separada havia dois anos do Carlos, pai de suas filhas. Ele tinha 22 anos, e já contava com a experiência de dois longos relacionamentos amorosos. Como não podia deixar de ser, o cenário do primeiro encontro foi, claro, o palco na peça *A Fantasia*, de Arthur de Azevedo, na qual a Tereza era atriz, e o Cesar, o regente. "A mulherada ficava doida atrás dele. Nós ficamos amigos logo de cara e, seis meses depois, estávamos casados", relembra Tereza. O diretor musical da peça, Tato Fischer, era muito amigo do casal, viu o Pe Lu nascer e sempre estava presente nas festas da família, das quais era o mágico oficial. Na casa do Pe Lu é assim, os amigos do teatro e da música sempre se tornavam amigos da família, e essa máxima foi também seguida pelo filhão, quando o Pe Lu ofereceu a garagem da casa para os ensaios da banda, na época da C4.

Não é preciso olhar de muito perto para sentir que o amor entre a Tereza e o Cesar continua o mesmo depois de mais de duas décadas de casamento. "Nós vivemos muito bem, ele de música, eu do teatro, viajamos, fizemos a escolha de não ficar em escritório, presos no trânsito", explica a Tereza, comentando que o Cesar sempre foi uma pessoa muito comunicativa e responsável, e logo que se conheceram, assumiu a barra de enfrentar toda a família do ex-marido da Tereza, no aniversário de três anos da Naira. O resultado não poderia ter sido melhor, porque hoje as datas comemorativas reúnem as duas famílias. A Zulma, mãe do Carlos, chama o Pe Lu de Feijão desde pequeno. "O Pedro Lucas teve desde o berço essa vivência louca da arte, todo mundo junto", comenta a Tereza.

Nos primeiros anos de casamento, o Cesar e a Tereza continuaram com suas carreiras, um apoiando o outro sempre que necessário nas escolhas de projetos e papéis. Ela cursou artes dramáticas na Escola Macunaíma, uma das mais prestigiadas de São Paulo, entrou para o seleto grupo do CPT — Centro de Pesquisas Teatrais, do Teatro São Pedro, dirigido por Antunes Filho, objeto do desejo de qualquer ator naquela época. Além do teatro, que nunca abandonou, Tereza teve a experiência de trabalhar no *Programa do Chacrinha,* um dos mais bem-sucedidos shows de atrações e calouros da história da televisão brasileira. Ela foi chacrete por onze meses, quando o programa ainda era exibido na TV Bandeirantes, em 1982. Em 1988 e 1989, foi contratada da TV Globo, participando de novelas.

Depois dessa temporada na televisão, o casal decidiu ter um filho. O Pedro Lucas foi muito desejado e planejado, e a gravidez da Tereza foi tranquila. O parto, então, nem se fala. "No aniversário dele de 20 anos, eu me lembrei muito do dia em que ele nasceu, porque quando ele veio se despedir pra sair para o show eram umas quatro horas da tarde, a mesma hora que ele nasceu, e chovia bastante, o cenário parecia o mesmo", conta Tereza, emocionada. No dia 14 de janeiro de 1991, a Tereza e o Cesar foram ao almoço de aniversário da mulher do Carlos, ex-marido da Tereza, quando começaram as contrações. Chovia muito, e havia uma confusão na rua do Hospital Santa Izabel, e o carro não andava. A Tereza teve que descer e andar um quarteirão até a entrada, e não deu tempo nem de esperar o médico que estava acompanhando o pré-natal chegar; quem fez o parto foi o próprio diretor do hospital, em 15 minutos. Quando o Cesar acabou de acertar a documentação para a internação, seu filho já tinha nascido, de parto "normalíssimo". Pedro Lucas Munhoz era um menino lindo, com muita fome, cabelo dourado ralinho — que depois caiu, e o bebê Pe Lu ficou careca um tempão até ganhar os cabelos castanhos de hoje.

Se o parto foi normal, os dias seguintes foram de grande tensão. Quando vieram os resultados do famoso Teste do Pezinho, houve a suspeita de que o Pe Lu pudesse ter fenilcetonúria, uma das doenças detectadas pelo exame, que pode afetar o cérebro e causar até deficiência mental. Para obter a confirmação, na época havia apenas um recurso: era preciso fazer um novo exame na AACD — Associação de Assistência à Criança Deficiente, cujo resultado só ficaria pronto em 15 dias. "Enquanto o resultado não vinha, eu ficava olhando o Pedro Lucas o tempo todo no berço, achava que os olhos dele estavam estranhos, a cabeça parecia maior do que o normal. Foi um período de grande tristeza", conta a Tereza. Ela, que é espírita, frequenta a umbanda e nunca se afastou da crença nos orixás que trouxe de suas raízes baianas, fez uma promessa pra Cosme & Damião, que são conhecidos por protegerem as crianças: se estivesse tudo bem com o bebê e o resultado fosse negativo, durante dez anos faria uma festa para o Pedro Lucas no dia de Cosme & Damião, com crianças, presentes, bolo e tudo.

Finalmente, chegou o dia de pegar o resultado, que, para felicidade da família, deu negativo. Na verdade, houve uma troca de exames no hospital. Mesmo muito tristes por saber que outra família receberia aquele diagnóstico terrível, a Tereza e o Cesar foram pra casa curtir o filho e descansar do enorme desgaste e sofrimento que foram aqueles 15 dias de espera. A Tereza cumpriu com a promessa e, por dez anos, em todo dia 27 de setembro havia festa na casa, para comemorar o dia de Cosme & Damião e a saúde do Pe Lu. "Eu ainda comemoro até hoje, continuo distribuindo presentes para sete crianças no dia deles", conta a Tereza.

Depois desse susto logo de saída, os primeiros anos do Pe Lu fluíram sem atropelos. Seus pais continuavam com as respectivas carreiras artísticas, mas priorizavam projetos que fossem apenas de fim de semana, para estarem presentes na vida e na formação do filho. "A Naira foi a que mais sentiu nossa vida de artista, muitas vezes acabou dormindo na coxia do teatro", aponta o Cesar, mas com o Pedro Lucas foi mais tranquilo. E foi mesmo, como lembra o próprio Pe Lu: "Minha infância foi muito feliz, porque eu tive uma coisa que poucas pessoas tiveram, pelo menos da galera que eu conheço, que é o pai e a mãe juntos, e os meus pais têm uma coisa, assim, muito apaixonados, e como o meu pai é músico e a minha mãe é atriz, ela praticamente parou de trabalhar quando eu nasci, até mais ou menos os meus seis anos eu passei muito com eles".

A Tereza lembra que foi justamente quando o filho estava com seis anos que ela teve uma das experiências profissionais mais difíceis, porque foi selecionada para o elenco do filme *Hans Staden* (1999), dirigido por Luiz Alberto Pereira, sobre um náufrago alemão, no ano de 1550, na costa brasileira, e seu relacionamento com os índios Tupinambás. No filme, a Tereza interpreta uma índia canibal. O elenco ficou isolado durante três meses na praia de Ubatuba, em 1997, no litoral norte do Estado de São Paulo, onde aconteciam as filmagens, e a Tereza precisou se ausentar de casa, sem sequer uma visita durante todo o tempo das filmagens. "Quase morri, mas quando cheguei de volta, o Cesar tinha dado conta do recado, e meu filho até já tomava banho sozinho, era um homenzinho", conta, emocionada, a mãe do Pe Lu.

Há uma situação que marcou profundamente a infância e adolescência do Pe Lu. Na sexta-feira, quem vinha buscar o pequeno Pedro Lucas era o avô Pedro, com quem ele passava todo o fim de semana no prédio em que a família morava, no bairro paulistano da Mooca. Quem conta é a avó Neyde, que não se cansava de fazer guloseimas para o neto, mesmo sob os protestos da mãe, que já preferia uma comida mais saudável para o filho. "O Pedro Lucas chegou na família numa época muito difícil, porque meu marido tinha sido mandado embora do trabalho de repente, e teve depressão. Ficar com o neto era sua grande alegria, ele comprou até uma filmadora só pra registrar os momentos com ele, e andava pra cima e pra baixo com ela", rememora a avó Neyde. Muito desse material está sendo recuperado pelo Cesar e pela Tereza, que estão gravando essa memória preciosa em DVD.

Foi o avô Pedro quem ensinou o Pe Lu a andar de bicicleta, que o levava aos parques para passear, e na Páscoa era ele quem escondia e dava a largada para a caçada aos ovos do coelhinho — de quem o Pe Lu nunca teve medo, já do Papai Noel... Na casa da família, sempre tinha festa de Natal, "apesar de não sermos muitos", e o Pe Lu tinha medo do velhinho de barba branca e roupa vermelha. Tudo só piorava porque sempre que o Papai Noel chegava, o pai nunca estava por perto. "E eu nunca entendia o porquê", lembra o Pe Lu, sorrindo.

O prédio onde moravam os avós do Pe Lu na Mooca era antigaço, daqueles que não tinham área de lazer, então o Pe Lu e seus amigos de infância — o Rafael, o Vinicius, o Maurício e o Yuri — tinham que improvisar para dar conta das brincadeiras. O estacionamento, por exemplo, virou a pista de skate, onde eles passavam as tardes inteiras brincando. Na rampa do prédio, rolavam os piqueniques com os doces, bolos e sucos que a avó Neyde preparava para a meninada. Na cozinha da avó Neyde, frequentemente aconteciam uns pequenos saraus familiares, nos quais os dois cantavam Noel Rosa, Pixinguinha, Adoniran, e o Pe Lu já tocava vários instrumentos de brinquedo. Ainda muito pequeno, pra dormir, o Pe Lu gostava de ouvir e cantar *Carmen*, a famosa ópera escrita pelo francês George Bizet. Engraçado é que houve até uma fase em que o Pe Lu chamava a avó de Minnie, porque enfiou na cabeça que era o Mickey, "eu pirei nessa coisa, era muito criança". E olha que ele se apresentava como Mickey para as pessoas no parquinho, e ficava todo mundo espantado, perguntando se era verdade. Ele respondia, com convicção, que chamava mesmo Mickey.

O avô Pedro, com o neto e seus amigos já mais grandinhos, levava-os para o Shopping D, para comer no McDonald's e brincar no *Magic Play*, jogar fliperama, inclusive naquelas máquinas de dança. Na escrivaninha do quarto do Pe Lu na casa da família, ainda está o vidro com a coleção de bolinhas que pulam, que ele e o Rafael compravam — na verdade, o avô Pedro comprava, e ficavam horas jogando contra um paredão que tinha no shopping. "Meu avô Pedro, que faleceu no início de dezembro de 2009, foi uma das pessoas mais marcantes da minha vida. Ele foi meu herói, tanto que, até meus 14 anos, toda a minha vida social, de amigos, tudo era na Mooca, porque eu ia pra lá sempre que podia, nas férias praticamente me mudava para lá", conta o Pe Lu. Ele lembra que muitas das primeiras experiências da sua vida aconteceram por lá, o primeiro videogame, a primeira "menina bonita" (ela morava no prédio ao lado), e tinha também o Rafael, que foi o melhor amigo e uma presença importante na vida dele até os 16 anos — e que ele ainda vê até hoje.

Quando estava em casa, durante a semana, o Pe Lu recebia a visita da irmã mais velha, a Genai, que sempre foi mais maternal com ele, porque é 17 anos mais velha — a diferença de idade dela em relação à mãe é a mesma que ela tem com o Pe Lu. A Genai conta que, quando a mãe engravidou do seu irmãozinho caçula, elas mais pareciam duas irmãs, andando pela cidade, a mãe com aquele barrigão indo pra lá e pra cá. E quando o Pe Lu nasceu, a Genai morava com a avó Zulma. "Eu lembro, muito pequeno, que ela vinha em casa, me dava banho, lavava a minha cabeça e fazia penteado de moicano, eu adorava", conta o Pe Lu.

A Genai, que é psicóloga, lembra de o Pe Lu ser uma criança comportada, apesar de ter alguns "gostos estranhos" — ele às vezes preferia brincar com caixas, rolos de papel, potes de cremes vazios do que com brinquedos. "Se você quisesse ter algum tempo de sossego, era só deixá-lo tirar todos os potes de plástico do armário da cozinha, ele ficava horas separando as tampas pra encaixar e devolver no armário, quietinho", conta Genai, lembrando que seu filho, Artur, que hoje está com 12 anos, herdou do tio a mania dos potes de plástico da cozinha, e está estudando piano também. O Pe Lu, que se tornou tio do Artur com oito anos, costumava sempre visitar a irmã e jogar videogame com o sobrinho. "A gente jogava PlayStation. Por conta dos shows, faz dois anos que ele não vem aos aniversários. Eu entendo, porque é o trabalho dele, mas de vez em quando ele aparece pra jogar e dormir", diz o Artur. Em 2010, o tio famoso foi buscar o Artur na escola — o mesmo Colégio João XXIII no qual o Pe Lu e os garotos da Restart estudaram, e os dois tiveram que ir se esconder na diretoria, de tanto alvoroço que a visita causou.

Há uma passagem na vida da Genai curiosa. É que o Pe Lu só foi saber que a irmã chamava Ana Genai quando já estava perto dos dez anos. "Em casa, eu sou Genai, no trabalho, sou chamada de Ana, eu brinco com minha mãe que tenho dupla personalidade", diverte-se a Genai. Mas num momento de troca de trabalho, quando a Genai estava enviando currículo para algumas empresas nas quais tinha interesse em trabalhar, e deixava o telefone da mãe de contato, ligaram para convidar para uma entrevista de emprego. O Pe Lu atendeu, e respondeu que tinha sido engano, porque não tinha nenhuma Ana lá. Na hora, o Cesar e a Tereza perceberam e tentaram salvar o telefonema, e o Pe Lu, tadinho, ficou sem entender nada. Foi só aí que ele soube que a irmã chamava Ana Genai, o que quase custou a ela uma oferta de trabalho.

Com a Naira, 11 anos mais velha, o relacionamento foi mais de irmão mesmo, já que eles moraram juntos até a Naira sair de casa, e ela gostava de provocar o caçulinha o tempo todo, é o jeito dela. "Eu sempre fui mais durona, mais fechada. Quando o Pedro Lucas nasceu, apesar de estar ficando mocinha, eu ainda era muito menina, e fiz dele meu boneco, brinquei muito com ele — e eu adorava, porque era só assim que eu podia sair um pouco de dentro dessa Naira 'bravona'."

A convivência dos irmãos sempre foi muito próxima, "mas a Naira sacaneava", era um relacionamento de amor e ódio, e tinha até briga de mão, o que deixava a Tereza louca. O Pe Lu chutava a canela dela, saía correndo e ia chorar pra mãe que tinha apanhado da irmã, aí ela enfezava e torcia o braço dele. O Pe Lu perdeu a conta de quantas vezes a Naira o chamou para brincar de videogame, fazia que ligava tudo, mas desconectava o controle só pra infernizar. Com tudo isso, o nome de Naira foi a primeira palavra que o Pe Lu falou, e olha que não é uma palavra muito fácil de pronunciar. "Mas também, ela me colocava no colo dela e ficava: Naira, Naira, Naira. Acabou saindo assim", conta o Pe Lu, que confessa sempre ter sido apaixonado pela irmã, inclusive ele é palmeirense por causa dela. "A Naira sempre quis ser minha amiga, mesmo com o carinho meio bruto dela de quando a gente era mais criança, mas ela perguntava das meninas, queria saber da minha vida, e eu me acostumei a me abrir com ela. A gente conversa até hoje."

Naira tem duas lembranças muito marcantes do irmão quando criança. Uma delas é que ele costumava andar pela casa cantando o tempo todo, sempre com a colher de pau na mão pra batucar em tudo o que aparecia na frente dele — "desde cedo ele sempre teve muito ritmo". A outra foram as férias que eles passaram em Salvador, com direito a carnaval, trio elétrico e tudo. É que a Naira, que é psicoterapeuta, foi bailarina do grupo Raça Pura, que bombou na época em que o irmão estava com sete, oito anos. "Ela ia me buscar na escola, e era a sensação", lembra o Pe Lu. Com o grupo, a Naira mudou para a Bahia aos 17 anos, onde viveu por dois anos. Nas férias, levou o Pe Lu pra passar uma temporada com ela, e adorou vê-lo dançando em cima do trio elétrico, se acabando no axé. E como a arte corre solta nas veias da família mesmo, o filho da Naira, João Guilherme, o sobrinho caçula do Pe Lu, entrou com o pé direito na carreira artística — com nove anos, ele é o protagonista da nova versão para o cinema de *Meu Pé de Laranja Lima*, baseado na obra clássica do escritor José Mauro de Vasconcellos.

É a Naira quem diz que ela e o irmão caçula sempre confiaram muito um no outro. Mas quando ele aprontou feio com ela, não teve choro nem vela: ele ficou sem a chave do apartamento para visitar a irmã ou levar os amigos para uma noitada informal, como costumava fazer desde que a Naira mudou para seu próprio apartamento. É que o Pe Lu decidiu ajudar a comissão de formatura do ensino médio, e ofereceu o salão de festas da casa da irmã pra rolar uma festança e levantar grana para a comissão. Só que o limite de pessoas do salão era de até 200 pessoas, e não podia vender ingresso, então tudo teve que ser feito meio às escondidas, "mas a gente fez tudo certinho, era R$ 12 por cabeça, com bebida e comida, ia dar pra arrecadar uma grana boa", conta o Pe Lu. Só que quando bateu 21 horas, já tinha mais de 300 pessoas no salão, o síndico tinha até chamado a polícia. No final, deu tudo certo, apesar da evacuação inesperada do pessoal, sob protestos.

"Eu acho que tive sorte de ter irmãs mais velhas, porque pego todas as vantagens de ser filho único, mas ao mesmo tempo eu não fico tão mimado, porque tenho as minhas duas irmãs, mesmo que eu não tenha tido muita convivência com elas em casa", pondera o Pe Lu.

## VIVÊNCIA MUSICAL

Nessa fase dos fins de semana na casa dos avós, o Pe Lu não costumava levar instrumentos pra lá, porque queria mesmo era se divertir e sair com os amigos, principalmente quando a turma ficou mais velha. A avó Neyde lembra que eles costumavam ir a um bar não muito distante do prédio, o Cerveja Azul. Mas, em casa, a música foi uma realidade desde muito cedo para o Pe Lu. Há filmes gravados pelo avô Pedro com o neto tocando trombone, cavaquinho, bandolim, um pouco de tudo. Não é de estranhar que o Pe Lu conheça tanto de edição — ele ajudou a gravar as demos no início da Restart, sabe abrir os acordes das músicas no teclado e costuma fazer a primeira edição das composições da banda, pois, muito pequenininho, ele ganhou uma mesa de som de madeira, feita especialmente para ele pelo pai — "pra ele mexer enquanto eu trabalhava, já que ele sempre estava comigo".

Quando o Pe Lu estava com três anos, o Cesar guardou uma grana pra comprar o seu primeiro cavaquinho, mas quando entrou na loja, o vendedor estava com uma guitarrinha na mão, da marca Les Paul, e foi o pequeno instrumento que o Cesar trouxe para casa. Ele ainda comprou um amplificador pequeno para a guitarrinha, e fez uma capa sob medida, "que o Pe Lu nem conseguia carregar ainda", lembra o Cesar. "Vivência musical ele sempre teve, mas a gente também sempre quis que ele fosse feliz fazendo o que quisesse fazer", completa.

O Pedro Lucas começou a estudar no Colégio João XXIII e, logo, manifestou o desejo de ser jogador de futebol. Com 11 anos, ele passou na peneira infantil para treinar no Parque São Jorge, no Corinthians, justo ele que é torcedor do Palmeiras desde sempre. Para coordenar os horários das aulas era um inferno, porque ele saía do colégio às 12h15 e precisava estar no Parque São Jorge, que é bem distante da casa da família, às 14 horas. Se chegasse um minuto atrasado, perdia o treino. Era o tempo de engolir alguma coisa no almoço e sair correndo, pra chegar a tempo de se trocar e treinar. A Tereza e o Cesar se organizaram para apoiar a escolha do filho e o horário do carro, porque a Tereza só deixou o Pe Lu andar de ônibus pela cidade quando ele completou 15 anos. "Eu sempre fui muito protetora com meus filhos", confessa.

Mesmo com os sonhos na bola de futebol, o Pe Lu nessa época já cantava. Com dez anos, ele estreou no palco, cantando no show musical infantil de Roseli Novak, *Toda a Família*, na qual a mãe era a única atriz e o pai era autor dos arranjos. Na época, musicais infantis não eram comuns, e a peça contava a história dos instrumentos, narrada por uma personagem. Nas imagens do making of da peça, inclusive, o Pe Lu dá um depoimento sobre o seu trabalho e o que sentia ao subir no palco e cantar, que de tão inspirado parece até premonitório — ele, já todo articulado e falando superbem ao microfone, contando da emoção, mas também da responsabilidade, de cantar para o público.

É o próprio Pe Lu quem narra como se sentia na época. "No início o trabalho na peça foi muito legal, mas depois de um tempo eu comecei a achar aquilo meio infantil, ficava com vergonha de ter 11 anos e estar cantando pra criançada de cinco anos, eu não tinha ainda essa percepção de artista, era muito novo, e comecei a me afastar. Foi quando fui jogar bola e fiquei uns três anos fazendo isso." Havia também outro problema, que não ajudava na hora de cantar: o Pe Lu, ainda criança, as vezes costumava colocar a voz no nariz, o que resultava num som anasalado. Hoje ele já aprendeu, se observando e se escutando, a colocar melhor a voz tanto na hora de falar como de cantar, e nas músicas da banda ele sempre canta em tons mais adequados para sua voz. Assim, mais amadurecido e com maior consciência de sua personalidade como artista e como cantor, ele reencontrou a emoção e a alegria genuínas que sentiu nas primeiras apresentações da peça.

Mas esse encontro não foi imediato, aconteceu gradativamente. Mesmo devotado ao futebol, o Pe Lu não abandonou o violão, e o chamado da música começou a ficar mais forte.

Tanto que ele acabou desistindo dos treinos, entrou num conservatório e foi estudar guitarra com o professor Eder Sandoli, que foi muito importante tanto na vida do Pe Lu quanto do Koba. O professor Eder deu aula para os dois no conservatório e sempre foi fã confesso do talento musical da dupla. Tanto que os convidou para o rigoroso processo seletivo da Universidade Livre de Música do Estado de São Paulo — Tom Jobim, onde também dava aula. Dessa maneira, ele continuaria a dar aulas para os dois, e eles ainda conseguiram estudar sem custos, já que a universidade é pública.

O Pe Lu seguiu a sugestão do Eder, passou no processo seletivo, junto do Koba, e estudou na ULM por quatro anos, durante o primeiro e segundo anos do ensino médio. "Eu estudei guitarra popular, a gente tinha aulas práticas, de solfejo, que é meio chato, porque tem que cantar notas, aulas de leitura de partituras. Havia provas semestrais bem rigorosas. A gente tocava blues, jazz, MPB, era outra pegada diferente do que a gente toca hoje, e me ajudou a ter uma base sólida até pra compor nossas músicas." Mas antes disso, lá pela sétima e oitava séries, a turma da classe do Pe Lu, um ano na frente, já começava a se juntar com a turma da classe do Koba, do Lanza e do Thomas, e tocar música nos intervalos das aulas no Colégio João XXIII. Toda essa agitação em volta da música nunca comprometeu o rendimento escolar do Pe Lu. Quem lembra é a Fernanda, a coordenadora pedagógica do colégio que acompanhou de perto a trajetória dos meninos da Restart na sala de aula. Ela viu a fase emo, os franjões, as roupas estilosas. "O Pedro Lucas foi um aluno que nunca deu problema, o melhor aluno da sala, até o final do ensino médio tirou as melhores notas", conta sempre. No último ano, inclusive, ela recorda das reuniões de orientação profissional, quando o Pe Lu dizia que queria prestar Letras, na USP — Universidade de São Paulo, "mas sempre pensando em algo mais, a gente percebia". Ela ainda se lembra dos professores comentando que o Pedro Lucas se saía muito bem nas aulas de produção de texto, "ele sempre escreveu muito bem". Para ela, é memorável a liderança do Pedro Lucas na sala de aula e no grupo de amigos também, justamente porque ele nunca foi o tipo de líder que aparece, mas "algumas vezes eu recebia reivindicações de outros alunos, mas percebia que a argumentação era do Pedro Lucas".

"Não é que eu não faça as coisas", avisa o Pe Lu com um ar maroto no rosto. "Eu sou discreto", e isso vale para todas as áreas da vida dele. Os amigos são unânimes em descrevê-lo como um cara muito inteligente, humano, carismático e charmoso. Com o Willy, a amizade começou de um jeito meio estranho. Ele e o Pe Lu estavam a fim da mesma garota, e, para "vigiar" o que estava acontecendo, o Pe Lu adicionou o Willy no Messenger, que não percebeu a estratégia do rival. Quando o Willy enviou um convite geral para convidar os amigos para uma viagem a Santa Catarina, o Pe Lu se mostrou interessado. Não rolou nem a garota, nem a viagem, mas os dois são amigos até hoje, o Willy inclusive esteve no início da turnê com a banda como *roadie*. "Ele é um grande amigo, muito fiel e ponderado, a gente aproveita qualquer tempo, mesmo madrugada, para se encontrar. Eu sou vocalista de uma banda, a Hydrogen, e apesar de a gente ser mais velho na estrada, eu aprendi e aprendo muito com o Pe Lu", diz Willy.

Com os amigos do colégio, a história não muda. "Eu entrei no colégio na sexta série, com 11 anos, eu era meio bonequinha e estava insegura com a classe nova, foi a primeira pessoa que eu vi", conta a Larissa Barone Cruz. O Pe Lu já era todo "eu sou", com um charme sedutor, e a Larissa chegou em casa apaixonada, no primeiro dia de aula. A convivência, entretanto, os transformou em grandes amigos, e durante anos a Larissa foi a melhor amiga do Pe Lu, e vice-versa, eles sentavam juntos na sala de aula, ele até foi o "príncipe" na festa de 15 anos dela.

Eles eram tão amigos que, na oitava série, uma situação quase deixou o Pe Lu sem rumo, e ele só percebeu por causa da Larissa. Foi quando o Cesar chamou o filho para uma conversa, contou que a família estava passando por uma fase meio difícil de grana, e que talvez não desse mais para pagar o colégio. Como sempre faz, o Pe Lu ponderou, reagiu numa boa, apesar de ser uma mudança drástica na vida dele — ele teria que mudar para a escola pública e sabia que lá as salas de aula iam ser lotadas, sabia que o pessoal era diferente, porque ele costumava encontrar a galera dessa escola nas baladas com o Thomas, e a turma já tinha um lance de beber e fumar muito. Mesmo assim, foi lá, fez a matrícula e chegou até a comprar o material de aula. Mas aí foi a festa de formatura, e caiu a ficha. "Meu, o que eu estou fazendo, eu vou perder o contato com todo mundo, com a Larissa, minha melhor amiga, e a gente nunca mais vai se ver", ele pensou, e ficou mal, ficou uma semana trancado no quarto. Preocupado, o Cesar foi perguntar o que estava acontecendo, e mesmo assim o Pe Lu não quis falar, porque não queria pesar para a família. Mas os dois acabaram conversando, como também é tradição na família Munhoz, e chegaram num acordo: o Pe Lu voltou a estudar no colégio, mas a faculdade ia ficar por conta dele. Ainda bem, porque se ele não quisesse tanto continuar amigo da Larissa e do pessoal da música da escola, talvez a Restart não tivesse existido.

Outro que destaca a simpatia do Pe Lu é o Duds. Ele se surpreendeu logo que o viu na sala de aula, quando mudou para o colégio em 2007. Antes de ir para o João XXIII, o Duds tinha estudado na mesma escola dos meninos do NX Zero — a Escola Global, que é da família do Duds, mas isso não fez dele um fã, embora ele reconheça que foi muito bacana ver tão de perto algo crescer e dar certo. "Eu era tão diferente do pessoal do colégio, tinha cabelão, fazia academia, porque trabalhava com esportes radicais, achei que não ia me enturmar de jeito nenhum." Mas o Pe Lu foi o primeiro a se aproximar — "ele nunca teve preconceito" —, eles foram ficando amigos, saíam pra balada no fim de semana, e no final do ano fecharam até uma parceria e montaram a produtora de shows Luck Produções. "Foi só aí que eu entrei para o ramo da música, mesmo tendo estado tão próximo do NX Zero na outra escola", comenta o Duds, por conta do entusiasmo e da capacidade de contagiar do Pe Lu. Os pequenos "empresários" já conseguiam tirar uma grana pra pagar a conta do telefone e comprar a prazo, pelo menos, o que para os moleques era muita coisa, e trabalhando com música, o que era o melhor de tudo. Para o Pe Lu, foi uma oportunidade de já começar a ter o seu próprio dinheiro. "Eu sempre tive tudo, mas via que em casa era tudo muito batalhado, então desde os 15 anos eu já tinha essa preocupação de pelo menos não dar mais despesa", conta. É bom lembrar que foi com a Luck Produções que o Pe Lu e o Duds conseguiram negociar o estúdio para a Restart gravar a primeira demo, em troca dos shows organizados pelos meninos.

É, como diz a Tereza, "mesmo se a Restart não acontecesse como aconteceu, o Pedro Lucas provavelmente iria trabalhar com música de outro jeito". Mãe sabe das coisas, tanto que o Pedro Lucas prestou vestibular pra produção musical, na Universidade Anhembi Morumbi, em São Paulo, passou e começou a cursar, mas teve que trancar a matrícula no segundo semestre, quando a Restart começou a acontecer.

## PEDRA ILUMINADA

Os filhos da Tereza tiveram seus nomes escolhidos de acordo com o significado deles. Ana Genai significa "a mulher que ama, dama". Naira tem o significado de "fortuna, ouro nigeriano". E talvez seja apenas uma coincidência que as duas irmãs do Pe Lu tenham personalidades tão diferentes, a Genai mais doce e maternal, e a Naira, mais durona, independente, preocupada com a saúde financeira da família. Como diz o Pe Lu, isso também tem a ver com o modo como elas reagiram ao que aconteceu com a família. "As relações que elas desenvolveram com o pai delas, nossa mãe e o meu pai." E talvez seja coincidência também o papel importante que o Pe Lu costuma representar na vida da família, dos amigos e também na Restart, e que não tenha nada a ver com o significado do seu nome: pedra iluminada.

Na vida do avô Pedro, por exemplo, o neto cumpriu o papel predestinado pelo nome, iluminar. Logo que ele nasceu, foi presença fundamental para tirar o avô da depressão. A Tereza comenta que a intensidade do relacionamento deles era admirável. E a avó Neyde, lembrando-se do primeiro show da banda do Pe Lu a que ela foi assistir, diz que o entusiasmo do neto era tão contagiante que ela largava tudo o que estava fazendo e ia ver. "Eu vejo esse caminho dele com alegria, ele é merecedor do que tem conquistado, aceita críticas, é muito centrado, o Pedro Lucas vai chegar aonde ele quiser. Para nós, ele caiu do céu, foi nossa alegria", afirma de todo o coração a avó.

Para o Cesar, a história foi diferente, mas com a mesma importância. Ele, que deixou a casa dos pais muito cedo, entrou na vida artística e, pelas divergências que tinha com os familiares, acabou se afastando, retomou o relacionamento com toda a família a partir do nascimento do Pe Lu. "Minha reaproximação com todos os familiares foi o nascimento de meu filho, ele ter convivido tanto com meu pai quando cresceu. Eu me reaproximei deles e reconstruí minha história com meu pai. Minha mãe hoje mora com a gente e tem todo o nosso apoio", explica o Cesar.

Na família, há ainda outra luz muito presente. As raízes místicas levaram a Tereza, o Cesar, a Naira, a Genai e o Pe Lu a participar do grupo Ordem, Princípio e Luz, coordenado pela psicoterapeuta holística Helena Martins. No grupo, há um curso de autoconhecimento, que é também um curso místico, então são estudados os ensinamentos de todas as crenças. O curso é composto de vários níveis — da iniciação à mestria. Quando se adquire o grau de mestre, tem-se a permissão de participar do atendimento às pessoas que vêm à sede para se consultar. "Os mestres ficam lá para atender, e qualquer pessoa pode ir, gratuitamente, conversar, ter assistência para seus problemas", conta o Pe Lu. Há um trabalho de abertura no dia de atendimento, de energização, tem passe, tem cura, utilizando os ensinamentos do kardecismo e da umbanda.

"Eu fui fazer o curso quando era pequeno, porque eu sempre tive medo de ficar sozinho e de estar sozinho, e por isso eu costumava dormir no quarto dos meus pais até os oito anos. Eu tinha medo porque eu via e ouvia algumas coisas, e parecia algo sem solução", conta o Pe Lu. Hoje em dia, depois de fazer o curso por sete anos e ser o mais jovem membro da ordem a adquirir o grau de mestre, o Pe Lu diz que controla melhor seus medos. Na ordem, quando se atinge um determinado nível de estudos, depois de no mínimo três anos de dedicação, o aluno recebe uma faixa colorida, que é dos orixás, e há uma grande festa caracterizada pelos elementos da umbanda. Dentro dessa linha, como se fala na umbanda, o Pe Lu é Ogã — "aquele que toca atabaque". Logo que o Pe Lu conquistou o grau de mestre, ele teve oportunidade de participar dos atendimentos, mas o crescimento da banda fez com que ele tirasse uma licença do grupo de no mínimo três anos.

"Apesar de eu não estar participando, há coisas que eu aprendi que consigo usar pra me proteger, e até para não pirar nessa correria da vida da gente como banda. Porque a gente é meio a meio, dentro de nós tem a parte boa e a parte ruim, e a gente precisa resgatar o que tem de bom pra passar melhor pela vida", explica o Pe Lu. Essa constatação é uma parte muito importante da criação e da formação do Pe Lu, e se liga inclusive ao fato de ele se considerar, e ser considerado também, uma pessoa observadora, que pondera antes de argumentar e conversar. “Essa capacidade analítica, de olhar, de tentar encontrar explicações para lidar com o que está acontecendo, é uma parte importante do que eu sou.” Por isso que radicalismo não está com nada para o Pe Lu — imposição, em qualquer assunto, seja política, religião, sexo, cor, roupas coloridas ou estilo de música, “é o que mais me faz mal, quando eu tenho que passar por uma situação sobre a qual não houve nenhuma conversa ou discussão antes”.

É com esse espírito de ponderação que o Pe Lu não se deslumbra muito com a fama, que ele acha uma coisa muito complicada, porque envolve a questão da celebridade, “uma espécie de ‘cargo’ que nem eu nem os meninos da banda exercemos”. Para o Pe Lu, o bacana da fama é a possibilidade de conhecer pessoas, inclusive as que admirava antes da fama, como os caras do Exaltasamba, do Jeito Moleque, do NX Zero, a Ivete Sangalo. Mas, no tempo livre, o Pe Lu prefere ficar com a família, ou com os amigos antigos, “que é uma galera que eu demorei pra construir, e com quem eu posso contar pra caramba”. Ele ainda lembra que há uma grande diferença entre fama e sucesso, e “a gente, da Restart, não faz nada buscando a fama, talvez o sucesso, que no final é a sua felicidade, você se sentir bem fazendo o que faz”.

Uma parte superimportante desse sucesso são os fãs e o relacionamento da banda com eles, que é um fator fundamental para o Pe Lu. “O que a gente curte é tocar no palco para nossos fãs, dar e receber o carinho e a presença deles na nossa trajetória”, afirma o Pe Lu. Ele gosta de pensar que, daqui a 30 anos, por exemplo, os fãs de agora podem nem se lembrar das músicas ou da banda, mas quando olharem uma foto da época, com a calça colorida, “vão se lembrar que viveram isso tudo com a gente”, e nós deixamos essa marca na vida deles também.

Quanto ao futuro, o Pe Lu não é de fazer muitos planos, mas investiu na compra de um apartamento, e está aproveitando pra curtir o que o sucesso da banda está lhe proporcionando. Dinheiro é bom, mas ele fecha com o Emicida, cantor de rap que admira — "algum dinheiro soluciona problemas, e muito dinheiro traz novos problemas". O Pe Lu está aprendendo a ter e lidar com dinheiro ainda, "porque também é muito recente, a gente começou a de fato ganhar dinheiro, depois de tudo o que foi investido, no segundo semestre de 2010, e não é uma coisa absurda", ele explica. Para ele, o exemplo familiar, de ter uma posição mais romântica — ou, como diz a Naira, mais hippie — em relação ao dinheiro, é uma referência importante.

"Meus pais, pelas escolhas que fizeram para a vida deles, que sempre foi boa dentro desse quesito 'diferente', não se importavam de jantar num Outback da vida com a família, eles iam muito além disso, eram outras coisas que tinham valor", explica. Mas o Pe Lu tem se sentido bem em poder curtir um pouco "o lado das outras pessoas", de poder ter o carro do ano, ir a um restaurante, sem grandes ambições. Para ele, o ideal é ter uma grana pra fazer o que ele estiver a fim, sem se preocupar muito com o quanto vai custar e sem loucuras também. "Pô, eu estou muito a fim de ver um show do John Mayer, que é um dos meus artistas favoritos, e, se eu tiver que ir a Nova York pra isso, eu gostaria de poder pagar, eu não vou de primeira classe, eu só quero poder fazer isso." Sair de madrugada pra comer com os amigos, sem se preocupar com o cartão, poder pagar as contas e ter as suas próprias coisas, esses são os planos do Pe Lu para o futuro. E, pra isso, nos próximos anos ele pensa em investir em negócios que o ajudem a garantir essa renda mínima.

Mas o sucesso tem outro lado: a solidão. Afinal, você pode fazer quase tudo, porque tem até grana pra gastar à vontade na balada, levar a família e os amigos pra comer fora, comprar a roupa que quiser — "e com 20 anos isso é muito bacana", mas, na realidade, não consegue mais fazer nada disso por causa da fama. É por situações assim que o Pe Lu decidiu, no início de 2011, ficar mais na dele, curtir um pouco o silêncio quando não está na estrada, ficar mais consigo mesmo. "Eu preciso desse tempo até pra processar tudo o que aconteceu em 2010, porque foi tudo muito incrível e muito rápido." Por isso, namorar não figura nos planos dele a curto prazo.

Mas um dos planos para 2011 que o Pe Lu traçou já está sendo colocado em prática. Ele voltou a estudar guitarra com o Éder, arrumou um tempo que a princípio não existia na sua agenda lotada de compromissos, porque isso era importante pra ele, e até comprou uma nova guitarra Gibson, que leva pra todo lado, no ônibus, no hotel, no avião. "A gente amadureceu muito em 2010, como pessoas, como banda, e ganhou uma experiência que é muito legal, e que pouca gente tem com nossa idade, que é a experiência de tocar no palco, que exige outras coisas, não só a técnica, você tem que tocar, cantar, fazer tudo ao mesmo tempo", conta o Pe Lu, que estava sentindo a falta do exercício de tocar um instrumento, de ter intimidade com ele, de criar uma relação quase mística, de necessidade mesmo, "pra eu poder continuar compondo e cantando do jeito que eu quero".

Compor, aliás, é uma das atividades que o Pe Lu desempenha com a banda que lhe dão mais prazer, além do momento do show, de estar no palco. "Eu sempre escrevi, primeiro texto, e depois comecei a transformar o que eu escrevia em música, é natural pra mim, é a minha forma de expressão. Compor é uma coisa muito íntima, só sai quando você está à vontade pra escrever", ele explica. A inspiração pode ser uma garota, uma dor de cotovelo, uma situação marcante na vida dele ou dos amigos, dos fãs, não há um processo único. Às vezes, as ideias e as palavras invadem o sono do Pe Lu, e por mais que ele resista, elas se impõem e ficam insistindo em ganhar forma no papel. "Aí é melhor levantar e anotar, como já aconteceu comigo às 2h30 da madrugada, porque senão eu não consigo dormir."

Já cantar, com toda a experiência acumulada desde o tempo da Morning Glory, ainda não é tão natural para o Pe Lu. “Cantar é importante pra mostrar a minha música, é a via mais direta de comunicação com nossos fãs, mas eu ainda estou aprendendo a cantar no palco, a colocar a voz, a me portar como cantor.” Sempre é tempo de aprender, o importante é “a gente saber o que pode e o que não pode fazer”. Com a Restart, o compromisso de ser real, natural e fiel ao sonho de ter uma banda e tocar para o Brasil inteiro o seu som fez com que “de um dia para o outro a gente tivesse uma oportunidade na mão”, diz o Pe Lu. Ele conclui: “Eu acordo todo dia com a mesma sensação de sempre, de que eu não sei o que vai acontecer, eu nunca tenho certeza, eu vivo um dia de cada vez, e isso não me assusta, porque todos os dias são oportunidades”.

# THOMAS

# 5

Os acordes da música *Desconfio*, do CPM 22, soavam no ar pertinho da hora do almoço. Era o Thomas, que tinha acabado de mudar com sua família para um condomínio no bairro do Jardim Alvorada, em São Paulo, tocando violão, com seu novo amigo Bruno, enquanto esperavam o churrasco ficar pronto. O som dos moleques vencia as paredes altas do prédio e embalava a vizinhança. Som tão bom que chamou a atenção de um músico vizinho. Ele estava amarrando o tênis enquanto esperava os amigos pra bater bola, mas não resistiu e saiu seguindo as notas musicais até se deparar com os dois garotinhos que praticamente se escondiam atrás do violão.

— Vocês estão tocando o quê?

— CPM 22 — respondeu o Thomas.

— Ah, então eu vou curtir o som enquanto não começa o futebol. Vocês não cantam, não? Então eu canto, eu não sou bom, mas ajudo, e vocês tocam.

A música rolou superbem, e o trio engatou o maior papo. O Thomas percebeu que o cara era o mesmo que ensaiava com várias bandas no terraço da casa dele, encostadinha no condomínio. O terraço era uma espécie de sacada gigante no segundo andar da casa, que dava pra rua, e todo mundo no bairro sabia que ali era a casa do Haroldo Fabre Ruiz, baixista. Inclusive o Thomas e o Bruno, que ficavam escutando o som quando rolava de os músicos se reunirem pra tocar ou só pra ensaiar mesmo.

Foi quando o Thomas, já puxando papo sobre música, confessou que sempre quis ter uma banda, mas que sentia que a galera que estava por perto nunca levava a sério, não se empenhava, não se dedicava. Ele tinha 11 anos, e a partir dali o Haroldo, entrando na casa dos 20 anos, se transformou no irmão mais velho que o Thomas, filho único, nunca teve. Sem ninguém da família que conhecesse música para orientá-lo, o Thomas ficou empolgado de conhecer alguém que pudesse ajudá-lo, papel que o Haroldo assumiu imediatamente, ainda estupefato com o talento daquele moleque loirinho, meio franzino e cheio de determinação.

## MUITO ANTES DA MÚSICA

Determinação que vem desde o berço, antes até, e que provavelmente tem um componente genético precioso. A mãe do Thomas, Elaine Machado Mozzaquatro, descobriu que tinha diabetes aos nove anos, quando foi internada cinco vezes num período de poucas semanas, e desde então sempre esteve em tratamento. Filha de pai diabético, ela teve uma infância e juventude difíceis, mas se recusou a deixar que a doença a impedisse de ter uma vida normal. "Eu superava, não deixava de fazer nada, viajava, trabalhava, fazia minhas coisas."

Namorar, noivar, casar nunca foram sonhos acalentados pela Elaine, não eram prioridade para ela, que nunca foi de programar muito, aprendeu a deixar a vida acontecer desde muito cedo. Quando alguns médicos lhe disseram que mulher diabética não podia ter filhos, ela não se deixou abater, porque ter um filho era, sim, um sonho do qual ela não queria desistir. Com a separação dos pais, quando tinha 13 anos, Elaine passou temporadas na casa da mãe da avó, e a partir dos 16 anos, decidiu morar com o pai, seu Elias Machado, uma vez que sua escola ficava mais perto da casa dele. Nessa época, seu pai já havia se casado de novo, a convivência com a madrasta não foi fácil, "mas hoje a gente se dá bem. Tenho um irmão caçula por parte de pai, nascido em 1985, o Enaldis, que é muito amigo do Thomas, até pela pouca idade que os separa".

A escola nunca foi muito fácil para a Elaine, os problemas de saúde atrapalhavam muito. Mas ela terminou o ensino médio e decidiu prestar vestibular para Administração, porque já trabalhava em um escritório. Passou na Faculdade Ibirapuera, pertinho do bairro de Moema, mas só cursou três meses. Ela ficou sem trabalho e não conseguiu pagar as mensalidades.

Quando estava com 24 anos, Elaine conheceu o pai do Thomas, policial que lhe foi apresentado por uma amiga. A princípio ela não se interessou muito, ainda não estava a fim de se envolver. Tanto que deu o número do telefone e o endereço errados, mas, por ele ser policial, não adiantou muito. Ele descobriu seu telefone, foi atrás dela, insistiu em namorar, tornou-se presente no dia a dia dela e de sua família, até que a Elaine decidiu começar um relacionamento. Não era fácil, os dois moravam em bairros muito distantes de São Paulo, mas o namoro acabou rolando.

Cinco meses depois, Elaine engravidou, mas, para sua surpresa, não teve nenhum apoio do namorado. Ele se recusou a assumir o filho, temendo que o histórico médico dela fosse capaz de comprometer a saúde e até o desenvolvimento físico e mental do bebê. Disse também que não queria mais ficar com ela. Sozinha e abandonada pelo namorado, mas determinada a ter seu filho, voltou a morar com a mãe para ter ajuda durante a difícil gravidez. “Não foi fácil, entrava e saía do hospital, mas ter meu filho era tudo o que eu queria, era uma coisa do outro mundo ter podido engravidar, eu não ia desistir nunca.”

As complicações não paravam por aí. Além da diabetes, a Elaine tinha o útero pequeno, o que levou a médica responsável pelo tratamento a duvidar da continuidade da gravidez. No sétimo mês, foi necessário fazer o parto, uma cesariana de alto risco, tanto para a mãe quanto para o bebê, que poderia ainda não ter os pulmões amadurecidos.

Com a família toda reunida no hospital, a recomendação da médica foi para “estarmos prontos para tudo, inclusive para uma grande perda”, lembra emocionada dona Aparecida Zapata Guimarães, a avó Cida, mãe da Elaine. Era o dia 28 de agosto de 1991, e a unidade na UTI estava toda preparada para receber o bebê prematuro. Mas quem acabou o UTI foi a Elaine, com suspeita de eclampse, uma complicação que pode provocar convulsões pós-parto associadas à hipertensão arterial.

O recém-nascido Thomas Alexander Machado D’Avilla, apesar de prematuro, estava fora de risco, com os pulmões sadios e até com as unhinhas perfeitas. Pesava 1,9 quilo, era loirinho, e ficava no berço com os bracinhos e as perninhas abertos — talvez para compensar o aperto e a falta de espaço dentro da barriga da mãe durante os sete meses de gravidez. Quando foi visitá-lo no berçário, a avó Cida ficou intrigada. “Meu Deus, ele vai ficar assim?”, perguntou. A médica a tranquilizou dizendo que ele só ficaria daquele jeito nos primeiros dias. De fato, logo ficou tudo normal, mas até hoje o Thomas dorme desse jeito, todo esparramado na cama.

Acompanhar o parto, para a família, foi uma grande emoção, porque o Thomas era o primeiro neto homem, o primeiro sobrinho homem também, e até hoje é muito querido por todos. Por coincidência, ele nasceu no mesmo dia de sua prima mais velha, Camilla, que tem dois anos a mais do que ele, e, a partir daquele ano, a comemoração passou a ser dupla.

No corredor do hospital, logo após o parto, a médica recomendou que, nos primeiros dias, o Thomas fosse acompanhado pelo pai e pela mãe. Naquela hora, no corredor do hospital, sem nenhum constrangimento e nem hesitação, o seu José Alves Bezerra, padrasto da Elaine, gritou "o pai sou eu". Abraçou a incubadora e foi embora com ela. "O pai não é o que faz o filho, na minha vida foi sempre tudo para o Thomas, depois que ele nasceu. E eu nunca precisei falar para ele uma coisa duas vezes. Era uma vez só e acabou."

O reconhecimento de tanta dedicação não tardou muito, aconteceu quando o "filho" estava prestes a completar um ano. É o próprio Thomas quem conta: "A primeira palavra que eu falei foi 'pai', para o meu avô, o padrasto da minha mãe. Eu tenho muito carinho por ele, tudo que eu precisava ele se desdobrava pra pagar, pra me ajudar, pra fazer, comprou minha guitarra, minha segunda bateria".

O bebê Thomas ficou 20 dias na incubadora para ganhar peso e se fortalecer, enquanto sua mãe também se recuperava das complicações da cesariana. "Eu sempre digo que o Thomas é um vencedor desde que foi fecundado", conta a avó Cida, com quem o Thomas morou até os sete anos de idade.

A nova família, Elaine e Thomas, continuou a morar com os avós e, apesar das dificuldades, a Elaine se esforçou para fazer tudo pelo filho nos quatro meses que ficou de licença. Logo a vida voltou ao normal, a jovem mãe retornou ao trabalho na Administradora de Imóveis Freua, que ficava a duas quadras da casa onde eles moravam, e todos se dividiam para cuidar do novo membro da família, que ainda tinha a saúde frágil e exigia atenção redobrada quanto a alimentação, resfriados e infecções.

Foi nessa época que a Elaine contratou uma faxineira para a casa, que de tão boa acabou virando mensalista, a Sônia. Ela era uma afro-brasileira de mais de 1,90 metro de altura, criada em fazenda, e ajudou muito a cuidar do Thomas, adorava o bebê. A segunda palavra que o Thomas falou foi mamãe, e pouco tempo depois, ele chamou a Sônia de Dadá, e assim ficou o nome dela a partir daí. O Thomas adorava a Dadá, que ficou trabalhando na casa por quase dez anos, e participava muito da vida da família.

A dona Cida, que se dividia em cuidar do bebê e da casa, às vezes colocava o Thomas no carrinho perto dela com o walkman no ouvido do menino, que ficava escutando música, batia palma, parecia brincar com o que estava ouvindo. Na casa sempre se ouvia música, inclusive para ninar o Thomas na hora de dormir. "Quando ele ainda estava na barriga da mãe e a gente nem sabia se era menino ou menina, eu comprei um ursinho que cantava, e colocava pertinho pra ele escutar. Quando ele era bebê, de noite, eu às vezes trazia o ursinho pra ele ouvir, pra ele escutar música."

Mas foi com dois anos que realmente a música se mostrou definitiva na vida do Thomas. Quando ele estava com um ano e meio, o seu José frequentava uma roda de capoeira, e passou a levá-lo junto. Lá, todos eram amigos e adoravam receber o Thomas, que já se encantava com os instrumentos da roda, o berimbau, o pandeiro, o atabaque, o agogô, e até brincava um pouco com eles. Seis meses depois, ele teve uma infecção de garganta que evoluiu para meningite, e após algumas complicações com o plano de saúde da família, que não cobria tratamento de doenças infecciosas, precisou ser internado no Hospital Emílio Ribas, um dos mais prestigiados hospitais públicos da cidade de São Paulo. Foram 20 dias de completo desespero. Durante o dia, os avós ficavam com o neto, e à noite Elaine dormia com o filho. A resposta ao tratamento era lenta, e o pequenino Thomas, uma criança ativa e brincalhona, parecia estar cedendo, até ficar inerte. "A gente falava com ele, ele nos olhava, mas não falava nada, quietinho", rememora comovida a dona Cida, que teve então uma ideia abençoada.

Ela tinha dado para o Thomas um gravadorzinho de brinquedo que vinha com microfone. Pediu para o marido trazê-lo de casa para o hospital e colocar a fita da música da capoeira, porque sabia que o Thomas gostava muito de ouvi-la. Era uma música de roda, do Mestre Bimba, cadenciada, toda marcada pelas palmas e pela percussão, como é típico da capoeira. Quando começou a tocar a música, baixinho, na beirada da cama — "Na roda da capoeira, grande pequena"—, o Thomas se virou. Alguns minutos depois, ele abriu os olhinhos, olhou para a mãe e para os avós, e complementou: "Grande, pequeno sou eu". Foi como se uma faísca invisível de vida tivesse iluminado o corpinho quase inanimado. A voz saiu como um fio, mas foi a primeira vez que ele falou depois da vários dias. "Foi a música e a cadência da capoeira que trouxeram ele de volta", explica a avó Cida, cheia de fé.

Com a autorização do hospital, a Elaine deixou o gravador ligado, tocando a música, baixinho, e aos poucos o Thomas voltou a falar, melhorou, se recuperou e teve alta. Mas ficou alguns dias com dificuldade para andar, ainda consequência da doença, e por isso só queria ficar com a mãe. Foi quando o dono da administradora na qual a Elaine trabalhava, César Freua, foi mais uma vez generoso, e deixou que ela levasse o cercadinho do filho para o escritório, no qual o Thomas passava o dia brincando na companhia da mãe.

"O seu César foi um "paitrão" pra mim, sempre me ajudou, foi compreensivo com meus problemas de saúde, e adorava o Thomas. Ele tinha uma barba branca, que o Thomas achava que era do Papai Noel, e ficava sentado no colo dele acarinhando. Era um barato. Ele até foi meu padrinho de casamento", conta a Elaine, agradecida. Algumas semanas depois, já totalmente recuperado, o Thomas voltou a ser a criança cheia de energia e alegria que costumava ser.

A vida na grande casa de Moema não podia ser mais agradável. Hoje a casa da travessa Araguari não existe mais, foi demolida para dar lugar a mais um prédio, mas a família da dona Cida morou mais de 150 anos no bairro, desde que os avós dela emigraram da Espanha.

Sua mãe, Carmen Zapata da Costa Guimarães, bisavó do Thomas que ele sempre chamou carinhosamente de bisa, já nascida no Brasil, casou com um brasileiro de São Paulo, o seu Serafim da Costa Guimarães, filho de pai português e de mãe índia, que era do bairro de Santo Amaro, também na zona sul de São Paulo. Mas com o tempo os irmãos dele também mudaram para a vizinhança, e a família toda acabou morando em Moema.

A casa era muito grande: na frente, morava a bisa Carmen, no meio, o Thomas com a mãe e os avós, e no fundo, a tia Maria, irmã mais nova da avó Cida, mãe dos primos de segundo grau do Thomas, o Alan e a Gabriela. O Alan era um ano mais velho que o Thomas, e a Gabriela, um ano mais nova. Eles eram os "primos" que vinham dormir em casa, com quem o Thomas compartilhou as brincadeiras e também as bagunças pelo bairro. "A tia Maria saía e deixava meus 'primos' em casa, e a gente ficava jogando videogame, zoando, a gente causava. Era legal, porque a gente ficava sempre junto, ganhamos a primeira bicicleta juntos. A gente era só dor de cabeça, pivetes, era só diversão."

Após o divórcio do primeiro marido, com quem teve quatro filhos, a dona Cida conheceu o seu José, que lhe foi apresentado por uma amiga em comum, logo após ter chegado da Paraíba, com 18 anos. Sete anos depois, eles se casaram, com a benção dos filhos, inclusive a Elaine, e estão juntos até hoje, mais de 30 anos. Os tios, frutos do primeiro casamento da avó, Júnior (Elias Machado), Marco Antônio e Cristiane, que é madrinha do Thomas, sempre curtiram muito o sobrinho e ajudaram a irmã quando necessário.

O primeiro aniversário do Thomas foi feito todo pela avó Cida, enfeitado com desenhos do Mickey, que tanto o neto quanto a filha adoravam. Ela preparou tudo sozinha, e fez uma festa surpresa para a Elaine também, que quando chegou do trabalho já encontrou tudo pronto, e o Thomas arrumadinho. Foi um festão, com a família toda reunida. Até entrar na escolinha aos três anos, a vida do Thomas era de casa em casa, ele tomava café e logo ia conversar com a bisa Carmen, na sequência chegavam os "priminhos" Gabriela e Alan, e começava a brincadeira.

Rolava de tudo, bicicleta, bola, videogame — o primeiro, o Thomas ganhou quando tinha dois anos — e capoeira também, que ele brincava com os primos na roda pintada na calçada pelo seu José, e que continua lá até hoje. Na capoeira, que o Thomas continuava frequentando com o avô, ele já sentava no banquinho e tocava os instrumentos da roda, que aprendeu só de olhar os mais velhos tocando. "Ele tem muita capacidade de assimilar, só de olhar. Ninguém ensinou o Thomas a tocar guitarra, do violão ele foi direto pra guitarra. O computador também, ele sempre foi assim", conta a avó Cida.

Quando completou três anos, Thomas entrou na primeira escolinha, a Sol Nascente, que dava pra ver do fundo da casa dele, e assim a dona Cida podia dar uma espiadinha de vez em quando para ver se estava tudo bem. O Thomas, aliás, foi o primeiro aluno inscrito na escola, que estava inaugurando naquele ano. Mas sempre sobrava tempo para um passeio no shopping Ibirapuera, que era ali perto, durante a semana com a avó, ou nos fins de semana com a mãe.

Foi com cinco anos que o Thomas decidiu que queria ser jogador de futebol e entrou para a escolinha do São Paulo, seu time do coração até hoje. Dava um trabalhão conciliar os horários, mas o seu José se organizava e levava o moleque já todo de uniforme e chuteira lá para o Morumbi, outro bairro da zona sul da capital, onde era a escolinha, duas vezes por semana. À tardinha, tinha a capoeira no bairro do Tucuruvi, que ficava do outro lado da cidade, na zona norte. O Thomas treinou capoeira, da linha Capoeira Resistência, do mestre Panão, por nove anos.

De tarde, claro, ele frequentava a escola, que agora já era no CONSA — Colégio Franciscano Nossa Senhora Aparecida, um dos mais tradicionais de Moema, onde estudou até a quarta série do ensino fundamental. Nessa época a mãe do Thomas pôde ficar tranquila com a educação dele, que sempre foi uma preocupação, porque ganhou na Justiça o direito de ter uma pensão mensal para o filho, paga pelo pai biológico do Thomas, que ele nunca conheceu, embora sua mãe o tenha deixado à vontade para isso. "Minha mãe sempre me disse que se eu quisesse conhecê-lo, ela me levaria, mas eu nunca quis conhecer o cara, lógico que não, ele me largou, eu vou vê-lo pra quê?"

Na nova escola, foi a mesma história, o Thomas logo fez amigos, conquistou as irmãs que dirigiam o colégio, participou das aulas de teatro e de todas as atividades das crianças. Na festa de Natal, fez o papel de um anjo. Na comemoração da Semana Santa, foi ninguém menos do que Jesus Cristo. No carnaval, ia pro salão brincar, no Clube Banespa, em Santo Amaro, todo fantasiado e já fazendo tipo para as fotos.

O primeiro cachorrinho, o Woody, ele ganhou de tanto insistir que também queria um, depois de sua prima trazer pra casa uma fêmea. Logo depois veio a Nina, uma poodle que deu início à linhagem de cachorros da avó Cida, que chegou a ter 12 peludos na casa, tudo porque o Thomas não deixava ela doar os bichinhos. Agora, quem está com a família é o Spyke, um poodle mini.

Na vida da Elaine também surgiram novidades — ela começou a namorar o Ricardo Mozzaquatro, filho da dona

Wilma, vizinha e amiga da dona Cida de muitos anos. Ele tinha um salão de beleza na casa, também grande, da família. O enrosco começou quando a Elaine fez uma permanente no cabelo, não gostou e foi ao salão dele arrumar. O namoro logo ficou sério.

Nos fundos da casa funcionava uma tapeçaria, na qual trabalhavam o seu Romeu Antonio, pai do Ricardo, e os irmãos. Mesmo com o salão de beleza crescendo, quando uma pessoa da família ficou em dificuldade financeira, Ricardo transferiu o negócio para ajudá-la, e foi trabalhar com a família na tapeçaria. Ao mesmo tempo, aconteceu outra mudança — a Elaine foi morar com ele, e logo depois o Thomas. Agora tinha ainda mais famílias para o Thomas visitar, ele se dividia entre a casa da avó Cida, da bisa Carmen e da mãe, na qual eles ocupavam um quarto. Como gosta de dizer a avó Cida, o Thomas "teve dois pais: o padrasto, que chama de pai Ri, e o avô, que é o pai Zé. Graças a Deus nós sempre conseguimos viver em paz".

"A casa da minha sogra sempre foi muito cheia, casa de italiano mesmo. Tinha comida pra todos da tapeçaria e de dentro da casa — eu morava lá com o Ricardo e meu filho, minha cunhada, o marido dela, minha sogra, em cima vivia a tia, com os primos, era uma casa cheia e alegre. De tarde sempre tinha um pão ou um bolo feito pela minha sogra, era muito gostoso. O Thomas adorava. Quando a gente mudou para o condomínio do Butantã, na zona oeste da cidade, ele dizia que preferia o quarto da casa da avó Wilma por causa da agitação. Demorou muito para ele fazer amigos no bairro novo", explica a Elaine.

Algum tempo depois da mudança, o Ricardo decidiu vender um carro conversível que tinha, e acabou fazendo negócio com o cantor Juno, que fazia sucesso na época. Durante as idas e vindas pra fechar a venda, o Ricardo comentou que a tapeçaria não estava rendendo o suficiente para a sua nova família, e o Juno voltou, uma semana depois, para oferecer ao Ricardo o trabalho de assistente pessoal de uma das maiores lendas da produção musical do gênero sertanejo, Cesar Augusto. Era o ano de 1998, e a parceria de trabalho durou até 2010.

Com sete anos, o Thomas começou não só a ir a shows com os artistas do Cesar Augusto, mas também a visitar, na companhia de Ricardo, o estúdio de gravação, onde conheceu músicos como Sérgio Reis, Zezé di Camargo e Luciano e Leonardo. Com sua peculiar curiosidade, ficava também de olho na mesa de som, em como as gravações aconteciam, observava tudo. É como o Ricardo se recorda. "Um dia ele conheceu o Caxote, que hoje é tecladista do Faustão, e ficou encantado em ver como ele escrevia música, lia partitura, nem piscava, e comentou que queria ser maestro quando crescesse."

Era tudo muito bacana, mas nas horas vagas o que importava ainda era o futebol. Na nova casa, o Thomas logo se enturmou com os "primos" mais velhos, sobrinhos do Ricardo, que jogavam futebol no quintal ou costumavam ir ao Parque do Ibirapuera pra disputar campeonatinho e tudo. O Thomas era o caçula da galera, estava chegando perto dos nove anos, e a maioria do pessoal tinha 13 ou 14 anos.

Quando o primo Carlinhos, que era mais velho, fez 18 anos e comprou um carro, rolou uma nova fase para o Thomas. O Carlinhos, que também era torcedor do São Paulo e sabia o quanto o Thomas curtia futebol, um dia convidou o moleque pra assistir a um jogo no estádio. Não deu nem pra pensar, foi só "mentir" pra Elaine que estava indo jogar no Ibirapuera, pedir dinheiro pra comprar um Gatorade — que, na verdade, era pra comprar o ingresso — e zarpar com o Carlinhos. Foram muitos jogos no mesmo esquema, até que um dia o Thomas acabou aparecendo na TV justo quando sua mãe estava assistindo ao jogo.

Mentira tem mesmo perna curta, e antes que a Elaine se desesperasse, uma prima que sabia da história e estava na casa contou toda a verdade pra ela. Quando o Thomas chegou em casa, levou a maior bronca.

"Minha mãe sempre foi assim, nunca me podou de nada, tipo, faz o que você quiser. Você sabe o que é certo e o que é errado. Lógico que tinha preocupação, mas sempre confiou em mim. Eu acho que eu devo tudo isso a ela, que me deixava ir aos shows com meu primo mais velho, o Lúcio. Foi nessa época que eu comecei a gostar do CPM 22 e a pirar nos shows e querer ter uma banda também. Foi lá que eu vi que queria isso pra mim. Vou correr atrás, mano."

## MUDANÇA

Não foi necessariamente o flagra da mãe nas escapadas para os estádios, mas a situação, somada à curtição de assistir aos shows e visitar o estúdio de gravação do Cesar Augusto na companhia do Ricardo, que levaram o Thomas a decidir tocar um instrumento. Ele pediu à mãe para fazer aulas de bateria, queria mesmo era tocar bateria.

Mas acabou pedindo para a mãe um pandeiro. Quem vê o Thomas hoje, no palco durante o show da Restart, sair de trás da bateria e tocar pandeiro com o Pe Lu, o Pe Lanza e o Koba na música *Pra você lembrar*, um dos momentos mais emocionantes do show, não pode imaginá-lo aos nove anos, a mão ainda pequena, já tocando o mesmo instrumento. Como ele sempre foi uma criança muito simpática e agradável, se enturmava com todo mundo, até com os velhinhos que se reuniam no final da tarde numa casa vizinha pra tocar violão. O seu José até achou que "ele seria político, de tão sociável que era". Bobeava, lá estava o Thomas no meio dos velhinhos acompanhando as músicas, e assim ninguém reclamava do barulho do pandeiro depois.

Logo em seguida, veio outro pedido: um violão. E como nunca faltou apoio para o Thomas, apesar do orçamento sempre apertado da família, ele ganhou seu primeiro violão, presente do Ricardo, que já veio autografado por Zezé di Camargo e Luciano, além do próprio produtor musical e mais alguns artistas empresariados pelo Cesar Augusto. O Thomas tinha nove anos quando começou a ter aulas de violão, que continuaram por dois anos. Foi nessa época que a família percebeu que ele tinha mesmo talento para a música, porque "em poucas semanas, ele já tocava algumas músicas muito bem", lembra, orgulhoso, o Ricardo.

O violão ia bem, e o relacionamento da Elaine e do Ricardo também. Tanto que eles decidiram comprar um apartamento num condomínio recém-lançado no bairro do Butantã, na zona oeste da capital, não muito perto de Moema, tratando-se de uma grande cidade como São Paulo. Muita coisa mudaria na vida da família agora, a começar pelo casamento oficial da Elaine e do Ricardo, que aconteceu no dia 21 de janeiro de 2001. Foi o Thomas quem entrou com a mãe na igreja e a entregou para o Ricardo, e também os acompanhou na lua de mel em Monte Sião, cidade do interior de Minas Gerais.

Foi uma verdadeira revolução na vida do Thomas e da família, era tudo novo, a vizinhança, o bairro, a escola. O Thomas foi estudar no Colégio 8 de Maio, em Itapecerica da Serra, cidade próxima à grande São Paulo, onde muitos amigos do condomínio estudavam. A escola era uma minifazenda, havia esquilos e macacos entre as árvores. "Era muito legal, uma escola no meio do matagal, fiz vários amigos", lembra o Thomas.

A escola era prioridade, mas para o Thomas, a música já era uma realidade. Desde aquele primeiro encontro com o Haroldo, tocando CPM 22, os dois tornaram-se grandes amigos. O Haroldo, que tocava em encontros de jovens e de casais das igrejas São Francisco e São Bento, que ficavam ali no bairro, decidiu levar o Thomas com ele, e os dois começaram a ensaiar na casa dele. "Mesmo pirralho, com 11 anos, o Thomas já tinha muita atitude, e sugeriu que a gente levasse a sério a música e montasse uma coisa nossa, uma banda mesmo."

Começou a movimentação — o Haroldo tocaria baixo, o violão ficaria com o Bruno, um amigo viria para a bateria, uma vizinha que cantava muito seria o vocal, e o Thomas tocaria guitarra. Só que ele não tinha guitarra e nem grana para comprar uma. Dessa vez, foram o pai Zé e a avó Cida que ajudaram, e lá se foram o Haroldo e o Thomas para a rua Teodoro Sampaio, conhecida por ter muitas lojas de instrumentos musicais, comprar a guitarra. Nas lojas, enquanto o Haroldo conversava com os vendedores sobre as opções, o Thomas ia direto para as baterias e ficava experimentando os pratos. "Eu não queria ver guitarra, sentava na bateria, já tinha essa parada, só que eu era moleque, não me expressava, não conseguia reagir e falar — pô, gosto de bateria — porque a galera era mais da guitarra." Levou pra casa uma guitarra e um pedal, financiada no cartão em quatro vezes.

Não demorou muito para ele dominar o instrumento, que aprendeu a tocar sozinho. Em casa, tocava o tempo todo *Mama África*, do Chico César. "Mama África, a minha mãe, é mãe solteira..." Além de curtir, ele tocava como uma homenagem à Elaine. Como ele mesmo diz: "A minha casa é minha mãe. Minha primeira-dama".

Apesar dos ensaios, o Thomas queria mesmo era tocar, e a banda com o Haroldo e o Bruno não vingava. Inspirado no Japinha, o baterista do CPM 22, o Thomas decidiu finalmente dar uma guinada e arriscar a bateria como seu instrumento principal. Foi quando ele chegou para o "irmão" mais velho e confessou que queria ser o baterista da banda, pra ver se finalmente a história da banda rolava.

Não foi surpresa para o Haroldo, que já tinha certeza do talento do garoto desde os primeiros encontros, mas ele nunca tinha tocado bateria de verdade, a não ser por algumas brincadeiras durante os ensaios. "Cara, a bateria é 50% da banda, é isso que você quer mesmo? Você já tá afinado na guitarra, vai querer entrar nessa? Então vamos decidir isso já", reagiu o Haroldo, pegando o Thomas pela mão naquele mesmo minuto, e os dois foram até um vizinho, amigo, que tinha uma bateria. Chegando lá, foi lançado o desafio: "Você tem uma chance de tocar, uma só. Vai tocar *O perdedor*, do CPM 22".

Sem nunca antes ter sentado na banqueta pra tocar uma música inteira, o Thomas contou o famoso "um, dois, três, quatro", batendo as baquetas, fez todos os movimentos da canção, como se fosse o Japinha. Quanto terminou, só ouviu silêncio e o som das teclas de um celular — era o Haroldo ligando para a tia Elaine pra contar que eles estavam com um problema, e agora precisavam, sem dúvida nenhuma, comprar uma bateria pro Thomas. "Mas ele nunca tocou bateria", reagiu a Elaine.

— Mãe, eu vou pegar a bateria emprestada com o Ricardinho, baterista da igreja, nós vamos montar aqui na casa do Haroldo, e você vai ver. Se eu tocar bateria, você me compra uma?

— Você tá me desafiando então, né? Se você tocar, eu compro.

No dia marcado, foram todos para o grande teste do Thomas. "Quando ele sentou na bateria, eu fiquei boba, até onde eu sabia, ele nunca tinha tocado. Ele aprendeu de tanto ir a shows e ver os músicos tocando. Foi perfeito", rememora a Elaine. E assim o Thomas ganhou sua primeira bateria, uma RMV.

Estava formada a Made for fun, agora com o Thomas na batera, o Bruno na guitarra e o Haroldo no baixo. Além de tocar Charlie Brown, Detonautas e CPM 22, a banda já tinha também algumas composições próprias, a partir das letras do Haroldo, na pegada de hardcore. Quem encontrava os locais para a Made for fun tocar, em geral, era o Thomas, que já fazia o papel de produtor da banda também. Às quartas à noite e aos domingos de manhã o Haroldo e o Thomas tocavam na missa da igreja, ensaiavam durante a semana, e nos fins de semana tocavam em bares ou casas de show, quando rolava.

Uma das apresentações, que é memorável, aconteceu na Kaboom, uma casa de shows do bairro. Para tocar, a casa aceitava um cheque caução de alguém da banda, pra garantir o dia, e depois enviava convites para a banda vender e, com o dinheiro, recuperar o cheque. Nessa noite a Made for fun fez o segundo show, e quem se apresentou antes deles foi o Pedro Lanza, que subiu no palco enquanto a banda do Thomas tocava, e fez um *mosh* — o mergulho do artista na plateia, para ser segurado pelos fãs.

Os shows, ainda que esporádicos, deram ainda mais gás para os ensaios, que começaram na casa do Haroldo, onde fosse possível, na sala, no terraço, em qualquer lugar, os três tirando um som com garra, sempre esperando alguma reclamação dos vizinhos. Aconteceu o contrário, em vez de chiar, a vizinhança começou a curtir o som e sair pra escutar. Isso colocou ainda mais pilha nos meninos, que decidiram começar a tocar onde desse, pra pegar experiência. A estreia foi na Escola Dona Ana Rosa de Araújo, ali no bairro mesmo, um show que o Lucas — tecladista que de vez em quando vinha tocar com os moleques — descolou. O som era péssimo, e o baterista convidado era tão ruim que chegou a cair da banqueta. “Mas o Thomas já mostrou o carisma que exibe hoje, segurou a onda e, de quebra, foi alvo da azaração das meninas que estavam na plateia”, lembra o Haroldo.

Só que aí precisavam de um lugar decente pra banda ensaiar, e o Haroldo mencionou certa vez que poderia até construir um estúdio no andar de baixo da casa dele, já que tinha espaço atrás do quartinho de som. Foi só um comentário... Mas o Thomas comprou a ideia, e os dois começaram, nas horas vagas, a tirar a terra e abrir espaço para construir um estúdio. Às vezes vinha mais gente ajudar, os amigos do Haroldo. As famílias dos dois preparavam a marmita e levavam para os “pedreiros”. Foi um trampo de um ano e meio. Foi como conta o Thomas: “meu, a gente ficava lá, colocava uma música, almoçava lá mesmo, esquema pedreirão. E aí tiramos tudo, mandamos um pedreiro finalizar um pouco, a gente mesmo pintou, um quadradão de cimento, o aquário de vidro, demorou".

Nesse período, os dois aproveitaram pra compartilhar influências e preferências, eles ouviam de tudo, rock, MPB, axé, Jota Quest, Paralamas, Bob Marley, Natiruts, CPM 22, que para eles tinha introduzido o hardcore na cena do rock brasileiro, era música todo o tempo.

Isso sem nunca comprometer os estudos. A distância do Colégio 8 de Maio de casa incomodava a Elaine, que começou a pesquisar outras escolas próximas da região para transferir o filho, e, quando descobriu que o Colégio Franciscano João XXIII pertencia ao mesmo grupo do CONSA, no qual o Thomas tinha cursado o ensino fundamental I, fez a matrícula sem pestanejar. Foi lá que o Thomas conheceu e se aproximou do Koba, do Pe Lu e do Pe Lanza, porque os quatro já tinham uma paixão em comum — a música.

Apesar de ser agitado, "um capeta", da turma do fundão, o Thomas prestava atenção nas aulas dos professores que curtia, e mesmo nas outras disciplinas, quando era preciso prestar atenção pra fazer uma boa prova, até na recuperação, ele mesmo ia lá para as carteiras da frente, prestava atenção nas aulas, e acabava passando. Para o Thomas, "o professor é fundamental. Eu adorava as aulas do Edson, professor de história, ele fazia todo o teatro, a galera simpatizava, prestava atenção, eu só tirava dez nessa matéria. Eu sentava no fundão, causava, mas no final do ano, sentava na primeira carteira. Ninguém mandava, eu já sentava, e não, falava com ninguém. Eu sabia que, se eu não passasse de ano, minha mãe ia perder a maior grana".

Fernanda Oliviero, ex-coordenadora pedagógica do Colégio João XXIII, lembra que o Thomas nunca teve problemas de aprendizado, sempre foi inteligente, passava de ano, "mas costumava ser muito independente, o que às vezes o fazia chegar atrasado, perder o começo da aula".

Nas únicas vezes em que a Elaine foi chamada na escola para falar do filho, o problema não era de disciplina, mas sim de, digamos, estilo. Como o Thomas já tinha o seu jeito próprio, o cabelo comprido com franjão, piercing, as calças largas deixando aparecer a cueca, as irmãs que administravam o Colégio costumavam chamá-la pra pedir que ele tivesse mais cuidado com as roupas, não usasse boné durante a aula, situações do gênero. Mas a Elaine não costumava proibir o Thomas de nada, ela se preocupava em garantir que o filho sempre se cuidasse; se fosse pra fazer piercing, ia junto, checava o lugar, essas coisas. "Eu sempre ajudava a tratar, cuidar da cicatrização, mas não falava pra ele não fazer."

Houve um tempo, quando o Thomas entrou no João XXIII e conheceu os meninos, em que ele tinha duas bandas, a Made for fun e também a Morning Glory, a primeira banda que formou junto com o Koba, o Pe Lu e o Pe Lanza. Mas os problemas com o Bruno, que faltava muito nos ensaios e tinha resistência em casa, porque seus pais não queriam que ele tocasse em banda, acabaram levando ao fim da Made for fun. O estúdio na casa do Haroldo ficou pronto, mesmo sem ter banda, e o baterista oficial por ali já era o Thomas. E tinha um ótimo lugar pra deixar a bateria montada para praticar e ensaiar.

## A DURAS PENAS

Quando o Thomas estava para fazer 14 anos, com justificativas imprecisas sobre os motivos, seu pai biológico suspendeu o pagamento da pensão, e a empresa que a Elaine e o Ricardo montaram estava em fase de investimento. Somadas, essas situações agravaram também a situação financeira da família. Sem ter mais como manter o Thomas em colégio particular, a Elaine o matriculou numa escola pública do bairro, mas a receptividade para aquele menino todo estiloso, que ainda por cima ia de skate pra escola — o que ninguém sabia é que o skate era para economizar a grana da condução —, não foi nada boa, e o Thomas chegou a sofrer *bullying* por meses, sofreu ameaças de roubo do tênis, do skate. Como diz a Elaine, "não foi ele que não aceitou a escola, foi a escola que não o aceitou".

No ano seguinte, ele se transferiu para o Colégio Universitário do Morumbi. Na sua rotina, estavam os ensaios da Morning Glory, tocar com o Haroldo e, nos fins de semana, ainda arrumou trabalho de garçom nos bufês de Moema, bairro que também é famoso na capital por ter requintados locais de eventos. Como ele já curtia ciclismo, esporte que começou a praticar com o Haroldo e hoje é uma das suas maiores paixões, costumava ir de bicicleta do Butantã até Moema, um longo trajeto, pra garantir que o dinheiro da noite viesse livre de despesas com a passagem de ônibus.

De qualquer maneira, ainda era pouco o que ele ganhava, inclusive pra pagar os ingressos para os shows das bandas que estavam estourando na cena do rock brasileiro, e que ele ia assistir sempre que possível na companhia do Lúcio, que era sobrinho dos tios Toninho e Luciana, primos do Ricardo. Como o Lúcio era mais velho, a Elaine não se incomodava de deixá-lo levar o Thomas com ele aos shows.

Aí pintou um trabalho no estúdio do Cesar Augusto, que estava ocioso, e o produtor decidiu dar um gás e reativar. Assim, além de ter contato com todos os equipamentos e instrumentos de um estúdio, e ganhar experiência em gravação, o Thomas conseguia praticar bateria todos os dias, a qual o sobrinho do produtor, Daniel Abdala, emprestava pra ele.

Não era só em gravação que ele estava acumulando experiência nesse período, mas também no negócio de produção. Pra poder continuar tocando bateria com os meninos, que estavam montando a C4 já com a formação atual da Restart, ele aceitou a proposta do Didio, o novo produtor, para ajudá-lo na produção dos shows da banda, distribuir panfletos, vender convites. Entrou de cabeça. Com a grana que pingava, comprou o primeiro computador, que já era essencial para o trabalho de produção, um modelo de torre usado, com a ajuda da mãe. Mas a grana continuava faltando em casa, ele sabia. "Meu pai ganhava pouco, minha mãe já estava aposentada, e eu precisava depender do dinheiro deles pra sair, que eu sabia que não tinha. Vi minha mãe, e até meu pai, chorar, porque as contas estavam atrasadas, a prestação do apartamento."

Foi com a virada da Restart que a situação financeira começou a melhorar para o Thomas, junto do sucesso meteórico da banda. Em 2009, depois do contrato assinado com a gravadora, e com o aumento dos shows da banda, a música finalmente começou a recompensar a dedicação obstinada do Thomas a realizar o sonho de ganhar a vida tocando bateria na Restart. Com os primeiros mil reais, ele e o Pe Lu foram para a balada comemorar. E, quando a grana era suficiente para ajudar em casa, o Thomas compartilhava com a mãe para pagar as contas.

Mas da cama, o Thomas não abriu mão. "A cama dele era de solteiro, o Ricardo fez uma reforma para ficar mais confortável, mas mesmo assim o Thomas reclamava. Quando pintou uma grana, ele logo quis uma cama maior, e foi com o avô comprar, à prestação, no cartão dele. Pagou todas as parcelas direitinho", conta a Elaine sorrindo, lembrando de como ele costumava reclamar da antiga cama de solteiro.

Nos últimos dias de janeiro de 2010, quando a Restart já estava na estrada dando os primeiros passos para desenhar o show que lotou os cinco mil lugares do HSBC Brasil, e os meninos começavam a receber os lucros do sucesso, o Thomas precisou enfrentar mais uma grande dificuldade — as complicações da diabetes e do funcionamento da tireoide provocaram a internação da sua mãe, em estado grave no hospital do convênio pago pela família. Mais uma vez, houve problemas de cobertura do tratamento pelo convênio, e o Thomas, decidido, pediu que o Ricardo e os avós cuidassem da transferência da Elaine para um hospital particular, que lhe desse o melhor tratamento possível. Foram quase três meses entre o quarto e a UTI, até mesmo com ocorrência de infarto. Um tratamento caro, que o Thomas fez questão de assumir.

Às vezes, ele subia no palco sabendo que a mãe estava em risco na UTI, mas nunca deixou que a situação interferisse em seu desempenho. E, quando o show terminava, voltava imediatamente para São Paulo para visitá-la, às vezes até de madrugada, logo após chegar da viagem da turnê. "Foi difícil, eu tentava me acostumar com a ideia de que ela ia morrer, porque pra mim ela ressuscitou mesmo. Hoje ela tá legal, faz hemodiálise, mas ficou muito tempo na UTI, entubada. Eu estava me preparando, tocando, esperando uma ligação. Meu tio, o irmão mais velho da minha mãe, que sempre acudiu nessas horas, não pôde ajudar, mas eu felizmente pude pagar, e ela ficou bem. Deus estava falando comigo, foi a primeira grana que eu ganhei de verdade, mas foi pra gastar com coisa decente. Dinheiro é uma coisa boa, mas que pira, a gente tem que aprender a lidar."

Com o sucesso crescente, o Thomas foi também podendo ajudar ainda mais a família, contratou uma empregada para a casa, para poupar a Elaine do trabalho doméstico quando ela voltou do hospital, e comprou um carro para que o Ricardo pudesse levá-la, sem problemas, para as duas sessões semanais de hemodiálise prescritas pelo médico como tratamento.

No final de 2010, com a vida familiar mais assentada e a explosão da Restart, com a conquista dos prêmios da MTV e do Multishow, a presença vitoriosa na mídia, a regularidade dos shows e da carreira, ele pôde comprar um carro, para estar mais disponível para as muitas atividades da banda no palco e fora dele, e avalia as possibilidades de investimento agora, pensando no futuro. Certo de que a família estava amparada, morando bem, comprou uma bateria de primeira qualidade, para usar nos shows, "que tem o valor de um Celta zerinho".

"A gente nunca fez a banda pensando em dinheiro. Vamos fazer o som que a gente gosta e, se der dinheiro, maravilha, a gente vive disso", revela o Thomas, que está muito feliz com o sucesso da Restart. "E de pensar que a gente jogava bola antes de tocar e nem pensava em música. A gente foi aprendendo a gostar de música junto, conhecendo as bandas nacionais que estavam estourando na cena. Nós decidimos, muito cedo, eu ainda mais pivete, já com o Made for fun, montar uma banda pra tocar pra galera, sentir a *vibe* da galera."

A vida não pode ser mais a mesma, porque a fama impede o Thomas de curtir algumas das paradas que ele mais curtia, como passear no shopping, ir pra balada, sair do hotel pra conhecer a galera das cidades nas quais a Restart toca, encontrar os amigos num bar ou restaurante. Namorar não dá tempo, e ainda não aconteceu a pessoa certa também, "mas eu tenho uma melhor amiga com quem posso conversar sobre tudo, posso ligar a hora que eu quiser". A compensação vem com o carinho enorme dos fãs, sua presença cheia de energia nos shows, cantando as músicas da banda, seguindo o Thomas no Twitter, e sempre surpreendendo com maneiras criativas de mandar o seu recado e se fazer presente na vida do baterista.

Com as crianças, ele não cansa de se encantar. "Criança é muito pura, a gente fica comovido." O Thomas confidencia que há vários tipos de fãs, que sempre estão prontas a expressar seu carinho pela banda. Há aquelas que são mais tímidas, tiram uma foto e não conseguem falar nada, e há aquelas que se apresentam, conversam. Tem aquelas que já viraram amigas, já tiraram tantas fotos com a gente, que já estão tranquilas, e aí rola tempo até de trocar uma ideia. Puxar o cabelo, essas coisas, já são um pouco mais desconfortáveis, mas acontecem também. "A gente curte e aceita todos e todas as fãs, são formas de carinho."

Como diz o Thomas, "a fama tem prós e contras". Outra parte boa da fama é conhecer os artistas que a gente cresceu vendo, como o Faustão, a Hebe, o Jô. Nos eventos de música, há encontros de todos os gêneros, todos os artistas. "Em Canela, no Sul, por exemplo, fizemos amizade com o pessoal do Exaltasamba, eu conheci e toquei com o George Israel, saxofonista do Kid Abelha. Ser reconhecido por essas pessoas não tem preço. No *VMB*, estávamos o Rogério Flausino, o Jorge Ben, o pessoal da banda Cachorro Grande e eu. Aí eles falaram que a gente veio pra ficar, pra não ligar muito para as críticas."

A avó Cida diz que não acreditava muito nessa história de música, achava que era coisa de adolescente, porque o Thomas também falava que queria fazer faculdade. Hoje ela mal pode acreditar que é o seu neto que está na televisão, que a leva para assistir aos shows de camarote, com os fãs gritando o nome dele. Na passagem para o ano 2011, quando estava na praia e viu o Thomas como uma das primeiras atrações do Show da Virada, com a Restart, na Globo, "meu coração disparou. Ele cumpriu o que dizia na infância, até os 12 anos ele falava que a gente ainda ia vê-lo na Globo".

"Dar qualidade de vida pra minha mãe é uma das minhas maiores felicidades, com o dinheiro que eu ganho do meu sonho, de cair na estrada, eu sou meio nômade mesmo, curto isso. Gosto de voltar pra casa, ficar com meus pais, sair com a galera, e graças a Deus minha mãe me deixou livre pra isso", confessa o Thomas.

A Elaine lembra que o Thomas foi sempre assim, nunca teve medo de nada, ele não tem muito essa de pensar não, vai lá e faz, depois vê no que deu. Às vezes, ele se atrapalha um pouco, "porque a vida não pode sempre ser assim". O Thomas já quis ser policial, professor de história, jogador de futebol. "Tudo o que ele falou que ia ser, eu respondia: vai sem medo, filho. A pior coisa que existe na face da terra é o medo. Vai com fé, não importa, eu vou sempre estar do seu lado."

É o Ricardo, o pai Ri, quem conclui: "Deus dá a chance, quem tem que agarrar é você".

Diniz

1

2

Foto: Bruna Ferrari

3

4

# Koba

Brincando de *cowboy*. 2• Making of de um dos shows da Restart. 3• Se divertindo com a irmã, Ana olina, ainda pequeno. 4• Uma das paixões do Koba, desenhar. Tem talento! 5• No judô, atleta mirim. ɔom os pais, David e Rita, aos seis anos. 7• Curtindo a praia.

1

2

3

4

# Pe Lanza

5

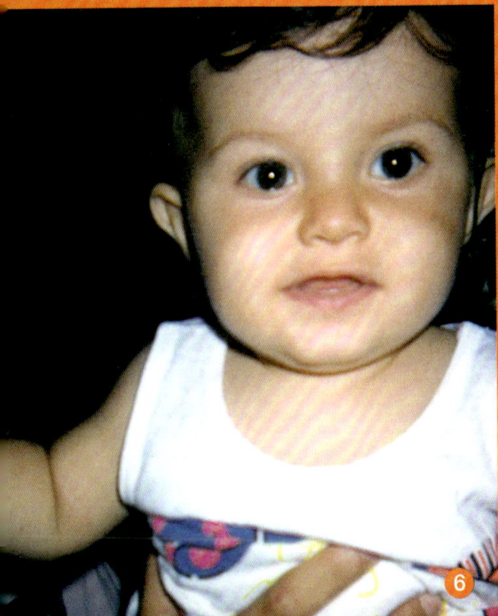

6

7

8

1• Curtindo a praia em Floripa, verão de 2008. 2• Com carinha de sapeca em seu aniversário de cinco anos. 3• Aos 14 anos, com a guitarra. 4• Em 2007, um caipira com toque moderno. 5• No palco, fazendo uma de suas famosas caretas. 6• Com nove meses. 7• Aos dois anos, vestido de caipira. 8• Com os pais, Leni e Mauro, no natal de 2008.

1

2

3

Foto: Bruna Ferrari

4

# Pe Lu

• Brincadeira de escola, com a mãe, aos sete anos. 2• Pronto para a quadrilha. 3• Arrasando na guitarra.
• Curtindo o sol e a piscina, já o cachorrinho... 5• Foto do colégio, com cara de quem estava aprontando.
• Com os pais, Cesar e Tereza. 7• Ainda bebê, com a irmã Naira.

1

2

3

4

# Thomas

\los tempos da Morning Glory, preparando ateria. 2• Comemorando seu aniversário de ano, com direito a bolo do Mickey. 3• Com primos Alan e Gabriela, companheiros de uinagens. 4• Na praia, ensaiando movimen- de capoeira. 5• Reinando na cama. 6• Bom bola desde pequenininho. 7• No casamento da mãe com Ricardo. 8• Tocando pandeiro, dos pontos altos do show.

Foto: Bruna Ferrari

Fim da apresentação em Limeira (SP), junho de 2010.

Foto: Gabriel Wickbold

Foto: Bruna Ferrari

1• Foto oficial da banda. 2• Fase de transiçãо C4 para a Restart. 3• Com Marcos Maynard, o presário. 4• No começo da Restart. 5• Com G Campos, na assinatura do contrato, maio de 20 6• Show da Morning Glory, com a famosa band de estrela. 7• O coração do Pe Lanza e do Thon

5

Foto: Bruna Ferrari

6

7

a Ferrari

8

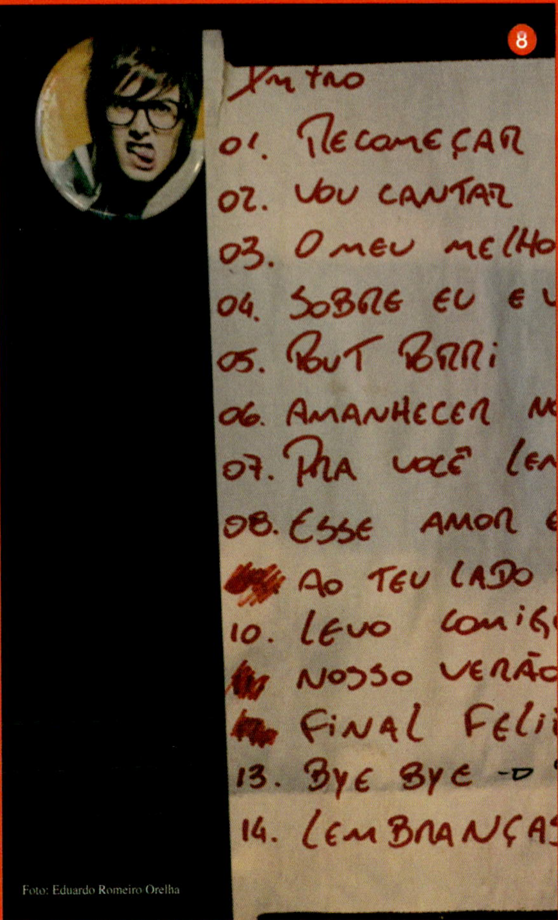


Foto: Eduardo Romeiro Orelha

9

Foto: Bruna Ferrari

10

Foto: Bruna Ferrari

11

na Ferrari

12

13

Foto: Bruna Ferrari

8• O set list da turnê, janeiro de 2011. 9• O carinho da plateia no Happy Rock Sunday. 10• Recebendo o disco de ouro com Maynard, Guto e Raul Tadeu Jr., da Radar Records. 11• Happy Rock Sunday, no HSBC Brasil. 12• Ainda C4, com a mesma atitude. 13• Bolo de um ano da Restart.

Foto: Bruna Ferrari